普通人如何成为超级个体

邓成婷 ◎ 著

民主与建设出版社
·北京·

© 民主与建设出版社，2023

图书在版编目（CIP）数据

普通人如何成为超级个体 / 邓成婷著 . -- 北京：
民主与建设出版社，2023.3
ISBN 978-7-5139-4140-2

Ⅰ . ①普… Ⅱ . ①邓… Ⅲ . ①品牌 - 企业管理 Ⅳ .
① F273.2

中国国家版本馆 CIP 数据核字（2023）第 052021 号

普通人如何成为超级个体

PUTONGREN RUHE CHENGWEI CHAOJI GETI

责任编辑	刘　芳	
出版发行	民主与建设出版社有限责任公司	
电　话	（010）59417747　59419778	
社　址	北京市海淀区西三环中路 10 号望海楼 E 座 7 层	
邮　编	100142	
印　刷	北京盛通印刷股份有限公司	
版　次	2023 年 3 月第 1 版	
印　次	2023 年 6 月第 1 次印刷	
开　本	880 毫米 ×1230 毫米　　1/32	
印　张	9.75	
字　数	150 千字	
书　号	ISBN 978-7-5139-4140-2	
定　价	55.00 元	

注：如有印、装质量问题，请与出版社联系。

通用性 AI 的突破给职场人士再次敲响了警钟，未来大量工作必将被以月为单位高速迭代的 AI 蚕食鲸吞。今天衣着光鲜的白领乃至金领在不远的未来或许将面临失业危机。技能会被取代，但 IP 越久越香。自媒体时代开始萌芽的超级个体已经蔚然成风。超级个体不仅是一种思维方式，也是一种商业模式，更是适应未来的一种生存方式。邓成婷老师以其丰富的操盘经历为基础，系统总结了超级个体的成长路径和必要的知识技能，对于所有想要面向未来布局的潜在超级个体，本书都是极具价值的实操地图。

——张恒（无忧传媒品牌公关部副总监）

普通人很难成为超级个体，但邓成婷老师帮助很多人成功实现了这一目标。她愿意分享自己这些年来操盘千万收入 IP 打造的方法，相信一定能帮助许多有积累、有才华、有拼劲的朋友。

——秋叶（秋叶品牌、秋叶 PPT 创始人）

个人品牌是非常重要的流量发动机，能够帮助企业和个人精准吸引高质量的用户。如果您想学习如何通过内容来打造个人品牌和搭建私域流量，非常推荐您阅读这本书。

——鉴锋（零一数科创始人、CEO）

做个人品牌，既是时代机遇，更是终身资产。伴随着内容从业者门槛的降低，现在每个人都可以参与其中，并且应该被重视。特别是在知识分享赛道，成婷老师拥有多年操盘知识 IP 爆品研发的实战经验，一定可以帮到你。

——卢战卡（抖音头部知识博主，短视频营销专家，全网粉丝 2000 万＋）

再微小的个体也能发光发热，再小众的需求也能找到细分市场。小鹅通愿和邓老师一起，深怀利他和服务之心，向先行者学习，相信每个人都能在个体时代提升自己的价值。

——鲍春健（小鹅通创始人、CEO）

IP 是一个人的无形资产，有个人 IP 的人更容易与周围的人建立链接、产生信任，创造巨大价值。与成婷相识多年，如果你也想要通过优质内容打造自己的 IP，非常推荐您阅读本书。

——高景春（向日葵妈妈创始人、服务 700 万亲子家庭成长）

很多人认为做线上知识付费"水大鱼大"，但是也伴随着坑和陷阱。做线上 IP 和运营最大的成本是闭门造车和走弯路。如果你正在面临这些问题，邓老师的《普通人如何成为超级个体》或许能帮到你。邓老师的方法简单、实用且易于复制，在大脑派直播间运营中给我们提供了很多启发和帮助，而且能够真正落地并产生结果。

——姬广亮（点亮大脑创始人、世界记忆纪录保持者、中国思维导图普及工程发起人、著有《思维导图高效工作法》等作品）

我和邓老师认识三年了。从 2017 年开始，邓老师就建议并亲自帮助我们搭建课程产品体系，并参与到直播间的运营中，给予了我们非常多的帮助和启发。如果你还在迷茫如何打造自己的 IP，如何搭建从低价到高价的产品体系和用户运营体系，那么我强烈推荐你跟邓老师学习。邓老师项目操盘和课程开发的实战经验一定可以帮助你。

——刘主编（糖豆学院创始人、厦门大学新闻传播学硕士、清华大学 –MIT 国际 MBA、写作线上课超过 20 万人学习、著有《高效写作》等作品。）

在这个快节奏的时代，找到一位真正值得信赖且优秀的朋友实属难得。在我人生旅程中，有一位很特别的朋友——成婷。她坚定、又温柔、纯粹的状态吸引着我。作为知识付费操盘手，她帮助老师打造精品课程，不断给予支持和帮助。除此之外，她还是不断追求梦想、勇敢克服障碍的人。在此我真心向大家推荐成婷的新书，愿它成为您追梦道路上的智慧伙伴。

——徐熠（喜马拉雅"十大实力主播"、CCTV 专访形象讲师、第四代测色丝巾研发人）

每个人都可以做个人品牌，每个人都有自己的独门秘诀。

成婷老师将自己多年实战经验汇聚成册，这一本书集合了她多年的"武功秘笈"，值得阅读。

——噜啦啦（平衡人生 10 年践行者、一耕一锄品牌创始人）

我在创业的过程中认识了成婷，并被她的《百万爆款课程》所吸引。在知识付费创业起步时期，成婷总结了一套课程打造的方法论，这套方法论引导了很多从业者用科学方法打造"课程产品"的思维和态度，使人们开始注重课程的营销手段。成婷对打磨产品细节的方法总结，即使到现在，仍然非常实用，非常有启发性！现在看到成婷的新书《普通人如何成为超级个体》出版，相信在这个打造个人 IP 的最好时代，这一定是一本充满干货和诚意的著作。

——姚恒（玩摄学院联合创办人）

成婷老师是个人 IP 打造的专家，本书深度讲解了如何成为有影响力的个人 IP 的方法和策略，可以帮助一直努力的伙伴们找准方向、扩大影响、达成目标！

——阿布（汉字文化社群"一字学堂"创始人、爆款课程《美字修炼课》主讲人、第一位登上 TEDx 的汉字美学讲者）

当下，普通人发挥能量的平台越来越多了，打造一个好的个人 IP 一定是未来十年最有价值的事！为了帮助更多的人成为超级个体，成婷老师把她这些年操盘个人 IP 的方法和经验集结分享出来。这本书一定会让想打造个人 IP 的人少走弯路，不再摸着石头过河！

——邱邱（千贝美苑 / 美果服饰创始人、
服装品牌 MEETNORM 主理人）

互联网让家庭教育有机会赋能更多家长，成就亲子的共同成长，但它不是线下内容简单地搬运到线上，而是有一整套专业的 IP 和内容打造流程。在这方面，成婷老师无疑是业内专家，我的短视频和课程有机会惠及全国家庭，有她和她团队的重要贡献。

——优的爸（《家庭教育促进法》颁布后广东省首批家庭教育
讲师、优质线上课"儿童性教育启蒙"主理人）

抢占注意力红利，为什么人人都可以从流量中获得新机遇？

近年来，越来越多的个体通过打造个人品牌变现超过百万元，甚至逐渐搭建团队，年收入超过千万元。

他们最开始可能并没有想着用这件事赚钱，只是把它当作兴趣或兼职，在网上分享自己的经验或擅长的技能。经过一段时间的积累，越来越多的人找他们咨询相关的问题，免费咨询慢慢转变为付费咨询，最后竟然成功变现1万元、5万元、10万元。这笔收入让他们觉得不可思议，原来兴趣、技能、知识竟然可以给自己增加这么多收入。我想他们大概永远都不会忘记收到第一笔钱的意外和欣喜。

也许你也觉得不可思议，通过线上打造个人品牌，真的可以零成本赚钱吗？那么，接下来请允许我给你展示1个发生在我身边的真实例子。相信看完之后，你会更重视个人品牌这件事情，并且认真思考自己是不是正在错过这个难得的机遇。

优的爸（刘晓峰老师）是我的朋友，也是一位亲力亲为践行亲子教育的暖心爸爸。

第一次成为爸爸，这个身份给优的爸带来了惊喜和快乐，同时也让他开始思考自己应该如何扮演好父亲的角色。因此，他开始了不停地学习之旅。通过不断的学习和考核，他成为了国家家庭教育指导师，并在《家庭教育促进法》实施后成为了广东省首批妇联体系培训认证的家庭教育讲师，同时也是亲子阅读的推广人。

优的爸在学习之余，不仅将学到的知识应用在自己孩子的教育上，7 年时间还陪伴孩子共读超过 600 万字。同时，他坚持对外输出育儿知识和文章，并积极参与社区和学校的青春期、孩子性启蒙教育等公益讲座活动。由于优秀的表现，他成为了《家长》《父母必读》等多家家庭教育媒体的特邀撰稿人，以及电台育儿节目的特邀嘉宾。此外，他因为家庭教育实践方面的优秀表现，成为了广东省家庭教育典型案例。

后来，优的爸开始探索如何将家庭教育理念应用到线上教育领域。他开始着手打造个人品牌，并完成了"儿童性教育启蒙"21 节线上课程的策划和制作。课程制作完成后，他成功地将其上线到多个主流知识付费平台（如千聊荷小鱼、向日葵妈妈、习惯熊、妈妈心选、小步在家早教等）。

到目前为止，这门课程的销量已突破 7000 单。通过打造个人品牌，优的爸不仅赚取了收入和曝光，更重要的是，由于线上教育没有地域限制，他的内容能够帮助更多的家庭。全国各地的很多家长学完这门课程后，对其给予了较高的评价，很多人说学了课程后，他们破除了对性教育的误解，从而获得了跟孩子坦然聊性的勇气和方法。线上优质口碑也让优的爸不禁感叹："这门课程对家长和孩子都有益处，这让我倍感鼓舞，当时选择线上教育是正确的决定！"

如果你也有类似的经验和技能，你是否想过成为其中的一员呢？如果你是有一技之长的人，或者有特定的知识、能力、技能，建立个人品牌可以将你的影响力放大，让更多人知道你。后续你还能把自己的知识、技能、能力开发成线上的标准化产品，找到与自己匹配的变现模式，例如会员、电商等就可以规模化售卖盈利。不仅如此，建立个人品牌还能帮助你开创更多可能性，比如成为培训师、讲师、摄影师、声音教练、新媒体运营、文案创作者等。

假如你是一位打工者，是不是可以通过打造个人品牌积累自己的成果和经验？这样不管以后去哪家公司，你都会更容易获得别人的信任和认可，缩短自己融入新环境的时间，更快地升职加薪。在这个过程中会有更多人知道你，有发展前景的项目也会邀请你，你的机会将会比一般人多得多。因为你有个人品牌，当别人都在为中年危机担忧，上有老下有小，充满焦虑的时候，你可以借助个人品牌轻松开启自由职业或者创业，获得更多收入和保障。

假如你是一位创业者，是不是也需要通过个人品牌为企业打造影响力，精准获客引流，争取更多机会和融资？在这一点上，我深有感触，并且受益其中。

我在"跟谁学"和"千聊"工作时，主要是帮助他人打造并运营个人品牌，没有刻意打造自己的个人品牌。但出于一份初心和执着，我觉得自己从工作中学习、从实战中总结出来的方法，对很多想要打造个人品牌但苦于没有方向的人来说，是非常有帮助的，所以我会把这些方法和反思记录下来并加以总结。

我常常也作为嘉宾参加一些行业会议或线上分享。在会上，我把自己成功运用过的方法分享给有需要的人。这些会议上的分享多是公益性质的，我只想在梳理个人经验的同时尽可能多地帮助一些人，并没想着获得什么回报。

这个过程竟阴差阳错地给我带来了很大的帮助！我们创业后的第一桶金（100万元）就得益于以前积累的个人品牌。

原来，这些无意的分享已经帮我在行业和用户心中树立了"专家"的个人品牌形象。刚出来创业的时候，公司不成熟，没有很成功的案例，很多合作方说他们是因为以前的分享认识的我，对我的专业能力非常认可，知道我是一个做事认真负责且真诚的人，所以他们愿意给我很大的信任，希望能一起做一份长久的事业。还有朋友说要给我们一笔投资，不过最终我们婉拒了。大家的这份信任，让我在深感肩头责任重大的同时，心怀感恩。

所以我常常说，个人品牌是移动互联网时代赋予我们每一个人的机会，只要你行动了就能有收获。

有人说，我也想打造个人品牌，但觉得这件事看起来特别复杂，想行动却不知道从哪里开始，因此就陷入了拖延状态；或者因为没有指导方法，所以随便写了一两篇文章以后，就坚持不下去了，导致最后整个人陷入非常焦虑和糟糕的状态。

我想和大家说的是，这种状态是非常正常的，甚至可以说是打造个人品牌之路上的一种常态。成功打造个人品牌的人很多，但只有极少数人是第一次就成功的。大多数人只是接触了一些线上领域，比如在公众号、简书等平台零零散散地发布了一些作品，或者在线上和线下学习打造个人品牌的知识，浅浅地种下了个人品牌的种子。然而只有当人生或职场遇到了很大的变动，或者出现一些问题的时候，人们才会竭尽全力去打造个人品牌。

如果你想要打造个人品牌，却迟迟没有行动，也不用太着急。在这本书中学到的方法以及你所有的尝试，都是在人生路旁种下的种子。将来面临职业选择的时候，你也许会想起"打造个人品牌"这个可能性，然后欣喜地发现自己原来还有这一条路可以走。

还有的朋友说，我现在就想要打造个人品牌，该怎么做呢？别着急，正因为在打造个人品牌的道路上，我看到很多朋友走了不少弯路，没有选好赛道，定位不清，没有规划好变现方式，不知道如何高效吸引粉丝，等等。所以，我根据多年的实践经验写了这本书，把我为自己以及帮助合作方孵化 IP 的经验都总结了进来，希望能为大家的成功之路提供助力。

二八定律与个人品牌盈利系统

我曾分析了教育、服务和电商等行业的许多个人品牌，找到了成功的个人品牌和失败的个人品牌之间的最大差异。

成功者往往有一整套自己的个人品牌打造方法，聚焦关键的几个步骤并把它做透；失败者大都没有完整系统的思路，打造方法非常随意，甚至不明白自己为什么失败。

有一位咨询学员从北京来到广州拜访我，说自己在微博上有 100 万粉丝，而且在出版社出版了两本畅销书，影响力打出去了，却不知道自己要承接什么产品来变现；也有的学员辛辛苦苦做了 200 个干货视频，但发到各个网站上，并没有太大的反响，也没有积累到粉丝……

大家有听说过"二八定律"吗？也就是意大利经济学家帕累托提出的"帕累托法则"。帕累托发现社会上 20% 的人占有 80% 的社会财富。这个定律适用于你关心的几乎所有事情，比如：

80% 的利润来源于 20% 的客户；

80% 的流量来源于 20% 的爆款内容；

80% 的财富掌握在 20% 的人手中；

80% 的投诉来源于 20% 的客户；

……

打造个人品牌也一样，80% 的成果来自 20% 的关键行动。也就是说，把 20% 的事情做对、做到足够好，就是我们成功打造个人品牌的捷径。

以前我给想要打造个人品牌的人做培训和分享的时候，我花了大量的时间帮助他们建立自己的个人品牌规划。

你猜猜结果如何？真正完成并有效执行的人寥寥无几。为什么？因为打造个人品牌系统是一个非常复杂和费力的过程，大部分人在这项大工程面前望而却步了。

我深知自己需要找出打造个人品牌的方法，把其中最关键的部分提取出来，以易于操作、行之有效的方式来为大家做介绍。所以"个人品牌盈利系统"就诞生了。你可以只花 20% 的时间取得 80% 的成效。有效地使用本书，可以帮助你将复杂的个人品牌打造系统落实到一张纸上。你需要做的，就是坚定地做好这 20% 的努力。

本书将按照个人品牌打造的步骤分章展开，一共 8 章。

个人品牌打造的第一步是认知升级。人永远赚不到认知范围以外的钱，所以如果你想要获得不一样的结果，一定要升级自己的认知。我们将为大家清晰地展示通过个人品牌实现财务自由的路径以及在打造个人品牌的过程中怎样培养自己的可迁移能力，提升自己的综合实力。

个人品牌打造的第二步和第三步是要树立个人品牌打造的全局观念，从市场和自身两个角度来思考和确定自己的定位。好的市场和个人品牌定位，可以让我们事半功倍，赢在起跑线。

接下来就是个人品牌如何引流、如何借助全网平台放大品牌影响力并快速变现。本书后面的 6 个章节会详细为大家拆分实操步骤和细节，给你一套有效且可复制的个人品牌打造方法。

假如你是在某个领域有专长的人，比如传统线下讲师或者是教育咨询、内容行业从业者，甚至是其他行业，比如电商、线下传统企业的创始人，只要你希望掌握一套系统的个人品牌打造方法，那么这本书一定会对你有帮助。

当你把本书中的方法熟练掌握并运用自如时，相信你已经拥有了自己的个人品牌和影响力。当每天都有人主动向你咨询专业问题，下单购买你的产品，当每天都有用户来感谢你对他的帮助时，你会发现星光不负赶路人，今天的每一份付出都是值得的。

目

录

第一步

认知升级篇
从现在开始建立个人品牌，掌握人生主动权

●━━━━━━━━━●

第二步

精准定位篇
打造爆款 IP 的核心定位体系

———————●———————

第三步

高效输出篇
轻松搭建知识体系，用专业赢得信任

———————●———————

第四步

IP 创富篇
快速启动，自动收钱系统打造

第五步

公域引流篇
掌握公域粉丝获取的五大维度

第六步

百万爆款篇
打造你的第一个百万付费爆款产品

第七步

变现千万篇
规划产品矩阵，你的个人品牌价值千万

第八步

事业基石篇
搭建黏性社群，与你的粉丝一起开启无限可能

●━━━━━━━━━━━●

第一步

认知升级篇

从现在开始建立个人品牌，
掌握人生主动权

1.1 以终为始

实现财务自由的 6 条主要路径

每个人都希望实现财务自由，但主动为此做好规划并付出坚实努力的人很少，大多数人都是随波逐流，没有明确的目标。

我以前也是这样的人。因为我近年来工作顺利，家人健康，收入预期也一年比一年好，所以我对财务和时间自由没有很深的渴望，觉得一切顺其自然就好。直到前几年，我慢慢发现随着年龄增长，家人开始偶有病痛，总是念叨着让我多回家看看。让人遗憾的是，身在职场的我真的做不到家庭与事业兼顾。因为有了想要保护的人，为了能给他们更好的生活条件，有更多时间陪伴在他们身边，我开始认真思考怎么才能实现财务和时间自由，掌握未来选择的主动权。

经过了这么多年的职场历练，再加上观察和请教了很多优秀和成功的人，我发现对于普通人来说，假如没有资本杠杆加持，想要实现财富自由，无非就这么几种方式：

1. 加入有潜力公司，成为年薪几十万元、过百万元的高管；
2. 加入有潜力公司，做到合伙人，拿到期权甚至股权，上市后变现；
3. 成为有潜力的初创公司的合伙人；
4. 自己创业；
5. 投资别人公司，占股分红；
6. 打造个人品牌，通过线上的方式，放大自己影响力并将其变现；
7. 有资本积累，通过房产投资、金融理财等方式变现。

最后一项需要比较大的启动资金，先不作为主要的方式。前6项实现财富积累的方式，是普通人可以做到的。能抓住其中一个机会，就能赚到第一桶金，财富积累也能上升很大一个台阶；但1—5项实现起来可能会遇到很多不可控情况。对此，我会在后文中做出详细的解释。

总之，我个人建议是在1—5项里选择一个方向去努力，积累自己的实力，同时越早开始打造自己的个人品牌越好。最好的情况就是这6项成功两个甚至更多，那么我们的事业和财富就能连上两个台阶。如果1—5项因为各种原因受挫了，第6

项至少可以帮助我们开启第二条增长曲线，把我们多年来在能力、人脉、技能、经验或者资源上的积累，通过个人品牌放大影响力，构建属于自己的低成本、低风险创业项目，并拿到相应的回报。

有的人疑惑，为什么说1—5项会遇到很多不可控的情况。下面我们来认真讨论一下：

首先是成为年薪几十万元、过百万元的高管。相信你一定认识这样的朋友吧，工作能力强，也有不错的领导力，但因为公司战略方向的调整，整个部门被砍掉；从零到一搭建团队，兢兢业业把部门业绩做起来，却只是因为请了一次产假，就被换了一个边缘化的岗位；公司觉得他的工资太高，用一个刚毕业3年的人来替换了他……

很多人认为这是因为每个企业的职业上升通道都是有限的，一些企业甚至采用扁平化管理，大幅减少和压缩管理层级，所以能升上去的人总是少数。然而这只是部分原因，最根本的原因还是市场总是在法律允许的范围内追寻利益最大化。

随着行业发展和公司发展的加速，以往一个行业的红利期是20年，而现在一个行业的红利期是3—5年，所以公司要想最大限度地压缩人力成本，提高公司运营效率，这就需要一方面要做SOP（Standard Operation Procedure，标准作业程序），另一方面要多用新人。

特别是一些简单的岗位，2 年的时间就足够大学毕业生上手了，不仅能做好，而且投入度高。这个时候如果你不能为公司创造更大的价值，公司当然会选择性价比更高的新人。

　　所以，工作 3—10 年，要想做到组长、经理、部门负责人还是有机会的，但是当你三四十岁的时候，还想要继续作为核心高管，领着稳定的高薪资，做着毕业 3—5 年的职场新人就能做的事，很可能会遇到职场危机。

　　那有没有可能再往上一层走走呢？成为公司的合伙人？再不济，通过各种优秀的业绩拿到期权总可以吧。

　　通过期权获得一大笔回报当然是可以的。我自己也曾在一家互联网公司任职，在职期间因为表现得到认可，获得了一些期权奖励。后来公司三年内在美国纳斯达克上市了，但直到我离职，并没有从中获得任何收益。这是为什么呢？下面就给你讲讲期权的"故事"。

　　这里的期权激励也叫"员工期权激励计划"，就是通过附条件给予员工部分股东权益，从而把员工的利益与企业的利益绑定在一起。如果企业未来经营好，上市或者被收购，这部分股权就会非常值钱。因此我们常常听说，某某企业一上市会造就一大批百万富翁、千万富翁。

　　如果你刚好选中了一家发展潜力巨大的公司，在未上市时争取到公司的期权，然后在长达几年甚至十年的时间里跟着公司一直成长，那么我要恭喜你。

然而不是每个拿到期权的人都可以变现成功，这里至少有两个难点。第一，万一你看中的公司没有上市成功怎么办？或者上市之后，市值并不如预期怎么办？要知道，在上市比例最高的硅谷，成功上市的公司也不过1%，所以大部分期权到最后实际上只是一张废纸。

第二，企业在设计员工期权激励计划时，一般都会规定期权需要经过一定时间才能分批兑现，以此留住核心员工，确保稳定性。比如对于核心员工的期权，一般公司会在期权协议中规定分3—5年分期兑现。也就是说，如果你获得了1万股期权，规定为4年兑现，那么从你签署期权协议的时间起，每满一年就可以兑现2500股，意思是这2500股期权就属于你了。等到公司上市的时候，你可以优先以约定的价格购买公司的股权。但如果你在其间离职就不能享受还未兑现的期权权益。

所以是否能成功通过期权变现，其实受到很多的外在因素影响。也是因为这第二点原因，我签订的期权协议最终成为一个"纪念品"。

那我们能不能通过第3项"成为合伙人"来实现财富增值？稍微有职场经验的人都知道，能从员工成长为公司合伙人的人真是凤毛麟角。这里面不单涉及能力的考量，也涉及信任以及发展方向是否匹配的问题。所以大部分有一定职场积累的高管都会选择自己创业，或者加入有潜力的创业团队。

你以为这条路会更好走吗？多少知名公司的高管在创业初期就组建了明星创始团队，在还在搭建架构的时候就得到了投资人的青睐，可谓是明星阵容，资源四通八达，但是这样的明星团队创业失败的案例也不在少数。政策有没有变动，战略方向和商业模式是不是在"自嗨"，一群聪明的合伙人如何高效共事，管理能力和团队执行力是否过关，等等，每一关都是致命的关卡。

甚至上一次的创业成功经验都不一定能带来下一次的成功。我有一个朋友从上一家创业公司功成身退后，自己组建了一个小团队，开启第三次创业。半年左右的创业耗掉了差不多100万元，最终宣告项目失败。

不管是在哪个国家，创业成功的数据其实都非常残酷。只要开始创业就是"九死一生"。市场随时在变，用户随时在变，没有人能保证一直成功。

再来看第5项，成为投资人：如果你对创业都还没有弄清楚，千万不要去做投资人。这一选择的挑战难度比创业更大。作为投资人，你的基本功是要清晰地知道如何选赛道，了解各个行业的发展动态和投资机会。什么样的创业者有成功的素质？他的商业模式是否可行，有没有致命的漏洞？回答不清楚这些问题，就不要奢望你可以凭直觉找到好的投资项目。

我特别相信一句话，一个人只能赚到自己认知范围以内的钱，而且就算是凭实力赚来的钱，认知跟不上的话，后面也有可能亏掉。如果你自己都没有成为一个成功的创业者，那么一定不要去做投资人豪赌。有一个来找我们合作的老师，家里非常有钱，因为自己喜欢教育，所以在深圳用 2000 万元投资了 3 所线下实体国际学校，结果因为经营不善每年亏损几百万元。对于他来说，损失 2000 万元是可承受的，但对于普通人来说，一次错误的投资很可能会压垮一个家庭。

那有没有既有收益，风险又不那么大的项目呢？有，那就是打造个人品牌。

我一直很喜欢海尔集团张瑞敏先生的一句话："这个世界上从来没有成功的企业，只有时代的企业。"顺应时代的发展非常重要。每个人的一生都有很多次致富的机遇，比如房产、淘宝、自媒体、抖音，等等，这些机遇的背后都是时代发展的需求。个人品牌就是时代发展带给我们的机遇。接下来 10 年，个人品牌的红利都将存在，可以说，大家当前所看到的只是个人品牌时代的开端！

所以你看到涌现出越来越多的人，都在通过第 6 项，也就是打造个人品牌来完成自己的事业升级和财富跃迁。影响力大的个人品牌已经可以依靠自己的个人品牌养活数百人的团队；还有影响力小一点的个人品牌，自己一个人或者几个人的小团队，都通过打造自己的个人品牌实现了财富和事业的进阶，公司利润非常可观。

打造个人品牌还有多重复利效应。在这个过程中，你的能力可以得到全方位锻炼和成长。本质上，做个人品牌就是一次低成本、低风险的创业预演，是自身能力的全方位升级。

为什么这么说呢？我们来思考一下：什么样的人能够持续产出用户喜欢的内容？什么样的人推出的产品用户会争抢着购买？他本来有很多个赛道可以选，为什么偏偏选对了这一条好赛道？这就在于打造个人品牌需要的各项特质和能力：

·写书、写文字需要框架逻辑思考能力、文字表达能力

·内容产出受到用户喜欢，需要对行业和用户的深度理解能力

·能够坚持做内容产出，本质是自律和复盘思维，需要时间和精力管理能力

·面对不同角色和位置的人还能应对自如，需要高情商

·能整合不同资源来做成一件事情，背后是资源整合的能力

·自我需要清晰的定位，背后是战略思考能力

总之，通过打造自己的个人品牌，你至少能够习得选择好赛道的战略思考能力、低成本获客的能力、打造标准化产品的

能力、用户运营和转化的能力以及整合和运用资源的商业能力。打造个人品牌，其实就是商业的系统实战。这部分能力不管在职场还是创业，都可通用、可复制、可迁移，对未来事业非常有帮助。这些能力在职场很难学到，因为职场相对来说更重点关注你的专业和管理能力。

所以不管你处于人生道路的哪一个阶段，无论你是在职场工作、在创业路上或者在从事自由职业，都可以在做好本职工作的同时零成本打造个人品牌！这个过程不需要你投入几十万元、上百万元的前期成本费用，也不需要你组建多大的团队，甚至都不需要全职来做，前期工作你一个人就可以轻松启动，几乎没有风险，并且有多重收益。

1.2 弯道超车
面对各种压力和焦虑，建立个人品牌是破局关键

在我们展开探讨如何打造自己的个人品牌这件事之前，不妨先花一点时间来厘清这个问题：什么是个人品牌？

我听到过很多关于个人品牌的解释，比如个人品牌是指个人拥有的外在形象和内在涵养所传递的独特、鲜明、易被感知的综合体，等等。虽然这些词都和个人品牌相关，但并没有将这个概念解释透彻。

举个简单的例子，也许你听说过关于个人品牌的类似体验：

35 岁的小丽在下班的路上刷短视频时，刷到了樊登老师讲育儿知识的短视频。这个外表儒雅、透着自信、语调不紧不慢、有一点微胖的老师吸引了小丽的注意。这条视频让小丽觉得颇有收获，正巧她准备要孩子，这更是增加了她对樊登老师的好感。这是 IP 的引流内容系统。

出于好奇，小丽点开了樊登老师的主页，看到上面备注"樊登读书创始人，有 4000 万人在樊登读书 App 上听我讲书"，于是小丽又点开了以往的几条爆款视频，通过视频下面的链接进入 App 免费试听 7 天，并且加上了樊登读书的客服微信。这个过程就是 IP 的粉丝捕获系统运转过程。

　　下班路上，小丽接连听了《正面管教》《养育男孩》等书籍的音频，觉得很有道理，再加上樊登读书 App 里还有自己感兴趣的管理、职场等方向的内容，讲的都是非常经典的书籍。小丽以前就想读这些书，但是被各种事情耽搁了，现在只需要 365 元就可以购买一年的会员畅听。小丽想起之前听朋友说过，她想加入樊登的代理，还来征询过自己的意见。这些可选的内容集合就是 IP 的产品体系。

　　7 天体验期快要结束了，樊登的客服突然在朋友圈发起了一个促销活动，小丽马上抓住机会，付款成为他们的会员。这个过程是 IP 的高效转化体系在起作用。

　　随着对樊登的了解，小丽逐渐知道原来他以前是央视主持人，还曾在大学任教。现在他给自己的定位是"专业讲书人"，希望服务的对象是想读书，但是没有耐心或者没有时间看书的人。这个对产品、对个人品牌和目标客户的分析过程就是 IP 的定位系统在工作。

引流内容系统

粉丝捕获系统

IP 产品体系

IP 高效转化体系

IP 定位系统

打造个人品牌的 5 个关键模块

如果你完整地为自己规划和打通了这几个步骤，可以说你正在为自己打造个人品牌。所谓个人品牌，就是围绕着个人所建立的帮助目标人群了解你、喜欢你、信任你的品牌资产，以及后端的产品体系和价值变现体系。这才是个人品牌完整的内涵。

还记得我们上一节所说的案例吗？一位微博有 100 万粉丝并且出版过图书的老师，觉得自己变现力很差。她的问题在于，她对个人品牌的理解只停留在打造影响力和吸引粉丝这两个前端层面上，却没有思考过自己的产品体系和变现转化体系，所以很难依靠个人品牌来变现。

我们现在明白了个人品牌的定义，心里的目标就更清晰了。希望大家可以跟着本书的内容构建完整的个人品牌变现系统，而不是只做其中单一的环节。

1.3　大势所趋
打造个人品牌是未来 10 年的发展机会

有朋友问我，为什么说个人品牌是接下来 10 年的趋势？

在商业上，想要了解一个新出现的事物，重点是要看清楚这个新事物背后的浪潮是从哪里来的，是国家政策、技术环境变革还是其他的原因。搞清楚浪潮从何来，你才能知道它会把你带去何方，不至于中途翻船。

具体怎么去做呢？我们要深入去看这个新生事物背后关联了哪些行业，然后逐一去了解这些行业各自处于什么发展阶段，用户的需求是如何改变的，行业上中下游的协作方式与关系、行业中价值分配方式，以及这些行业中各要素的变动会如何影响这个新生事物的发展，这样才算是彻底了解了一个新生事物，才能感知它未来的发展趋势。

有些人也许认为这个过程听起来很复杂。真的有必要这么做吗？《孙子兵法》说"谋定而后动""先胜而后求战""求之于势，不责于人"，无不是在强调看清楚趋势，了解背后的底层架构，制定好战略再行动。如果你是喜欢干了再说的实战派，那么建议你一定和我们一起"先胜而后求战"，先把个人品牌这件事情看透。

自媒体、电商、教育、广告 4 个行业的交叉点

个人品牌背后其实是自媒体、电商、教育、广告这 4 个行业的交叉点。

为什么个人品牌这两年这么热？任何一个大的趋势，都是很多要素共同推动和决定的。真正推动个人品牌迎来巨大红利的就是这 4 个行业快速发展所带来的需求。所以我们想要真正理解个人品牌，就必须看懂这 4 个行业。

1.3.1　自媒体的崛起

首先，媒体本质上是内容传播的媒介。在讨论自媒体之前，我们先来看看这句话的两个重点：一个是内容，另一个是媒介。

内容是人永恒的需求，人天然就是要消费内容的，只要有人就需要有内容。

以我自己为例，现在放下手机半个小时都会觉得心里好像缺了点东西。其实打开手机也没有很重要的事情，但就是忍不住要看看公众号、刷一刷短视频和资讯。

人生来喜欢新奇的东西，喜欢收集和加工各种信息。如果隔绝一个人与外界的信息交换，将会对他的智力、心理健康造成巨大影响。美国心理学家沙赫特·斯坦利做过这样一个实验：他以每小时 15 美元的酬金聘人待在一个完全与外界隔绝的小房间里，没有报纸，没有电话，不准写信，也不让其他人进入。最后，两人面试应聘参与实验的人，一个人在小房间里待了不到两个小时就出来了，另一个人待了 8 天。这个待了 8 天的人出来以后说："如果让我在里面再多待一分钟，我就要发疯了。"

所以人生来就是要消费内容的。以前没有互联网、书、杂志这些媒介的时候，大家就在巷头街尾议论邻里之间发生的各种事情，通过言传身教来传递经验；随着社会的发展，有了书、电视台、报纸等各种形式的官方媒介，也就有了更多元化的方式来满足大家对内容的需求。

随着互联网的兴起，"自媒体"出现了。自媒体的概念是2002年由美国学者丹·吉尔默（Dan Gillmor）提出，其意义是：由普通的个人尤其非专业人士生产内容，而不是让内容生产被媒体从业者和专业机构垄断。也就是人人都有机会发声，每个人都能被看见。

这就给我们每个普通人创造了机会，通过好的内容和观点打造个人品牌，从而获取更多的用户和流量，并且建立与用户之间的信任度，慢慢构建好我们的电商、广告、教育、知识付费服务等商业和变现模式。

已经有太多人通过这一条道路取得成功并被人们熟知了，比如凯叔、夜听刘筱、年糕妈妈、Papi酱等，这些成功案例完全验证了这条赛道的可行性。

而且大家发现没有，个人品牌在自媒体这个行业中一直都有机会。由于技术和用户习惯的发展，每一个时代有每一个时代的媒体。不断出现的新的媒介平台给了个人品牌从业者一个接一个的新机会。

以前，新手妈妈学习育儿知识大多是通过图书，因此催生了很多知名的育儿类畅销书作者；后来慢慢有了PC端的育儿社区，继而催生了很多大V；再后来，家长们都开始关注公众号，又催生了一大批头部创作者，比如小小包麻麻、常青藤爸爸、尹建莉父母学堂等。每一个新的媒介平台的崛起，都会带来一波打造个人品牌的机会。如今很多新手妈妈也喜欢上了通过刷短视频来了解育儿知识，这也催生了抖音和快手等平台很多的育儿大 V 号。

随着媒介形式的革新、不同年龄段用户的更迭，每一个时代，大众都在召唤更多适应当下用户需求和媒介形态的个人品牌。而且当前不少平台都发布了针对内容创作者的流量扶持计划，比如中、短视频平台：抖音、快手、哔哩哔哩（B站），等等。下面是我归纳的一些平台，每个平台都孵化了不少知名的个人品牌大 V，给大家做参考。在后面的章节里我也会给大家做更详细的平台分析，帮助大家找到适合自己的平台。

·图文资讯类：公众号、今日头条、百家号、知乎、简书、微博

·短视频平台：抖音、快手、视频号、B站、西瓜视频

·线上视频网站：爱奇艺、优酷、腾讯、咪咕、芒果 TV

·音频平台：喜马拉雅、荔枝 FM、蜻蜓 FM、懒人听书等

·工具类：小鹅通、千聊、荔枝微课、Classin、钉钉

·付费平台：千聊、荔枝微课、有书、十点课堂、唯库

·传统教育机构：新东方、好未来、精锐教育

·数字电视：小米、华为、创维、康佳、松下

·电商：淘宝、京东、当当、天猫、有赞、小红书

1.3.2 电商

相信你对电商行业一定不陌生。在当今社会，还有多少人没在网上买过东西、拆过快递？

历经 20 余年的发展，电商经历了搜索电商、内容电商、社交电商 3 个阶段。在当下，随着搜索电商平台的获客增长成本越来越高，以天猫、京东、唯品会等为代表的传统主流电商平台用户增速已逐渐放缓至 20% 甚至更低的水平。内容电商和社交电商无疑已经成为电商行业新的增长点，为电商行业带来低价、黏性强的新流量，以及高效的成交方式。这个趋势也有力地推动了个人品牌的快速发展。

为什么这么说呢？我们先来理解一下这 3 个阶段是什么意思。我们最初在网上买东西，大多都是因为家里缺某个物品，然后在淘宝、京东、当当等熟悉的平台搜索对应物品，通过综合对比价格、运费、物流、评价等商品相关信息，最终决定买下某个品牌的某件商品。在这个过程中，客户是先有需求（比如洗衣液），然后去对应的平台搜索到需求商品系列，最后通过对比来进行筛选，最终建立信任并下单购买，这个购买过程呈现了搜索电商的成交逻辑。

随着公众号、小红书、抖音、快手等内容平台的兴起，你的身边有没有多出这样一些人？没事的时候常常在刷抖音和快手，或者打开小红书看各种达人的笔记，顺便就被某款商品吸引了；或者，偶尔被公众号的一篇文章标题所吸引后，点开发现了自己特别信任的号主在推文里推荐的某款护肤品，效果好、价格低，于是毫不犹豫地下单了。这个购买过程呈现了内容电商的购买逻辑：跟商品相关的内容先触达到用户，如果用户被内容中的商品卖点打动了，就会下单购买，也就是很多商家说的"种草逻辑"。

那什么是社交电商呢？你在朋友圈或者闺蜜群里，看到小丽"晒"了一款特别好的耳机，你想着"要不我也升级一下耳机品质吧"，于是就找闺蜜要来了她的耳机购买链接，马上下单购买了，这就是社交电商的典型案例。社交电商中的购物需求常常是基于社交分享和信任产生的。

为什么会出现后面这两种新的电商形式呢？因为最近几年，消费者的习惯已经改变了。易观《中国内容电商市场专题分析》对这一趋势也做了归纳：消费者的购物需求侧重是一个不断递进的过程，先后经历"想买买不到"的数量满足阶段，到"买到价格但价格贵"的性价比满足阶段，再到"不知道买什么合适"的精准选品满足阶段，以及"体验与个性化满足"阶段，中国年轻消费者的购物需求正处在"性价比满足""精准选择"及"体验与个性化满足"交织的阶段。

这里面一个不可忽略的大趋势是，当前年轻购物群体更注重商品品质、高效选品及情感满足。谁能做这3点，谁就能抓住用户的心。

普华永道全零售调查显示，有29%的中国消费者使用社交媒体搜索意见领袖及名人推荐的品牌或产品，41%的中国消费者通过社交平台获取促销信息。内容电商和社交电商已经成为当下消费者的重要选择。

在这样的用户需求变革之下，内容电商和社交电商也成为投资新风口，市场规模达到千亿级。拼多多、云集、蘑菇街等社交电商的上市更是将这个趋势呈现在大众的面前。

内容电商和社交电商的关键之一就是个人品牌。如果你想做好内容电商，你就需要做好自己的定位，规划产出优质内容，做好小红书、抖音等平台的个人品牌运营。做好这些，你才能更好地引流和带货。如果你想要做好社交电商，你也需要建立好自己的人设和定位，打造自己的个人品牌，由此吸引粉丝和建立信任度，从而高效成交。上述两项，不管想做好哪一项，打造好的个人品牌都非常关键。

所以以IP为主的内容电商、社交电商这些增长迅速的领域都需要更多成功打造了个人品牌的人，一起来分享用户消费习惯变化趋势带来的红利。

1.3.3　教育

教育行业非常适合以打造讲师个人品牌的方式来做。为什么这么说呢？有以下两个原因：

第一，讲师打造自己的个人品牌会更容易，因为大家对讲师天然带着更强的信任感。第二，在课程转化数据的表现上，有个人品牌的老师和没有个人品牌的老师相差至少10倍。所以线上教育行业为了提升转化率和运营效率，大部分公司都采取了线上名师的方式来运营。

如果你对线上教育或知识付费感兴趣，相信你一定听过网易有道、高途课堂、猿辅导等在线教育公司，以及千聊、荔枝微课、喜马拉雅等知识付费平台。这些平台在运营的过程中，需要大量有个人品牌的优质老师深度合作，也就是，平台方虽有流量，也需要有优质的内容方与其合作才能变现。

2012年至今，线上教育已发展了近10年，并在2021年春节期间迎来了高潮，在线教育在中国的渗透率达到历史之最。CNNIC数据显示，2020年3月，国内在线教育用户规模达到了4.2亿，2020年6月，依然有3.8亿，占中国网民9亿人次的40.5%。也就是，中国很多用户都已经体验了线上课程的形式。

这中间潜在的机会在哪里呢？一是来源于在线教育不断增

长的市场规模，二是来源于教育行业的特殊性。

教育行业与电商行业不一样，教育是非标产品，是个性化服务。因为是个性化服务，所以一旦标准化和规模化，教学效果就会打折扣，所以做在线教育的核心竞争力在于保质保量的个性化服务上。当前，整个行业在探索以 AI、双师模式等方式来探索教学和服务的标准化，寻求教学效果和商业变现的平衡，但是这些方式的效果显然比不上讲师亲自上课和服务。

这正是我们最大的机会所在！精细化的服务和个性化的教育，不正是我们做个人品牌的讲师独特的竞争优势吗？而且现在有很多线上平台都在找我推荐各个方向的知识类讲师，有了平台的加持，你在个人品牌打造路上就获得了加速度，这个机会真的很棒！

1.3.4　广告

广告是一个万亿元级别的大市场，广告行业一家上市公司的营业额就过百亿元，几乎是整个知识付费行业的规模，一个公司抵一个行业。

广告可分为广播广告、报纸广告、电视广告、杂志广告、网络广告，而在网络广告的组成中，以个人品牌为核心支撑的社交广告和短视频、直播等方式的广告市场份额占很大一部分，这里面有巨大的市场空间。

只要我们打造好了自己的个人品牌，不管是短视频、直播还是社交广告，品牌主都会主动来找你合作。随着当前越来越多平台流量的开放，用流量奖励去吸纳更多优质的内容创作者，同时，用户端也越来越习惯用线上的方式来获取资讯，养成了线上的付费习惯，这一切都为打造更多优质个人品牌，提升个人品牌的商业变现能力提供了有力的支持。

以上自媒体、电商、教育、广告 4 个领域催生了对拥有个人品牌 IP 的人的需求，个人品牌也背靠着这几个领域可以获得多种形式的变现。你发现了吗？从大的趋势上看，无论商业环境如何风起云涌地变化，各方对个人品牌的诉求一直没有改变。

未来 10 年，都是个人品牌的红利和机会。

1.4　个人成长
打造爆款 IP 可以为求职、创业
带来哪些更多的机会

1.4.1　职场人如何利用个人品牌获得更好发展机会

有的人说，打造个人品牌是不是需要很专业的背景，很好的背书呢？其实不是，你是在打造个人品牌的路上收获越来越好的背书，而不是你在拥有光鲜亮丽的背景后才开始打造个人品牌。

如果你现在还不够强大，你可以通过打造个人品牌加速成长；如果你已经够强大，可以通过打造个人品牌来放大变现。总之，个人品牌打造越早，收获的加速度越大。

对于职场人来说，打造自己的个人品牌，就相当于种了一棵每年都会结果的果树，复利效应显著。不管你位于职业生涯的哪个阶段，打造个人品牌都会给你的发展带来便利。

我们来回顾一个职场人的典型发展路径。

22—25岁进入职场，努力积累行业和专业知识，让自己成为某个领域的专业人士；作为新进入职场的新人，你需要学习的有很多：

·行业认知：行业现状和用户痛点、行业竞争结构、主要公司的商业模式和核心竞争力、自己公司的商业模式和核心竞争力

·专业知识：为完成自己工作所需的专业知识和技能、了解自己公司的核心战略目标、把自己的工作与核心目标挂钩，发现、思考和解决问题

·通用技能：职场必备软件使用、写作、职场沟通、人际关系处理、向上管理、时间管理等

·自我成长：完成从学生向职场人的过渡，转换思维模式，为社会创造价值

25—30岁，经过3—5年的沉淀，一部分人具备一定专业性，开始成为某个领域的行家，或者进入管理层，开始学习怎样通过团队获得结果。

30—35岁，经过长时间的行业沉淀，少数人一路晋升成为

核心高管甚至是合伙人，进入职场发展的黄金阶段；但更多人开始看到行业或自己的天花板，开始思考再次跳槽甚至转行；还有一部分人，因为前面几年没有好好打基础，一直停留在职场执行岗位，也没有过硬的专业本领，发展得不如意；同一年龄阶段的人们之间，差距越来越大。

35—45 岁，不少人都已经遇到过至少一次的职场危机，比如整个部门被裁，辛辛苦苦带团队做出超预期的成绩，但还是被空降领导，等等。随着一次次的跳槽，感觉自己就是在不同的公司一遍遍地复制既有能力，缺乏挑战性，没有新的成长空间。

随着能力、资源等逐渐成熟，不少人开始考虑创业或者开始考虑人生的第二条曲线，但是这条路并没有那么容易，前行路上，人们常常感到迷茫。

这就是大部分人职场发展的现状，在深深的迷茫中越来越不敢跳出原来的环境，但是内心始终不甘。

如果你尽早开始在职场中打造个人品牌，情况就会完全不一样。没有个人品牌的人等待机会，有个人品牌的人创造机会。

首先，22—25 岁，在这个阶段，最有效的学习方式就是广泛汲取前辈的经验，同时在工作实战中复盘、迭代、优化。

· 帮助系统化积累和梳理工作经验，更快成长

· 被公司不同部门人知道并了解，更有利于跨部门推进项目

·更容易让别人看见你的能力，升职加薪更快、高薪跳槽的机会更多

·人缘好，大众对你印象深刻，有专业相关的问题都会来咨询你

·有利于维系与公司客户和合作方的关系，大家通过你的个人品牌认知到更立体的你，慢慢把客户和合作方变为你的朋友，有助于公司业务的推进

·经验和经历可以被带到下一个职场，大家通过你的作品或文字、视频先认识你，可以帮助你更快建立信任，快速融入新环境

25—30岁，打造个人品牌除了上述的好处，还可以为我们带来以下几个方面的帮助：

·不间断复盘和自我优化、迭代，在管理、带人、商业思维等方面不断进步

·你比普通人认识更多同行，通过交流了解更多行业资讯和新的玩法，帮助把自己的项目做得更好，甚至可能通过争取能够拿到公司的期权和项目提成

·积累更多行业上下游资源，随着自我和团队的成长，甚至有机会开始内部创业或低风险创业

公司发展到一定阶段就容易出现大公司病，比如管理成本迅速上升，蚕食净利润，或者公司效率慢导致错失市场机遇，所以不少公司都比较鼓励内部创业。我有一个朋友，在某家公司负责项目。经过几年的锻炼和沉淀，商业认知和专业能力过硬，他负责的项目是公司创业项目中盈利增长最快的。因为他一直在做自己的短视频账号，在行业也有一定影响力，公司为了最大限度地调动他的积极性，以及避免人才外流，开始鼓励他进行内部创业，由公司投资成立新公司，独立运营，他的公司现在已经发展到了 40 人的规模。

30 岁以后，因为你有更多的行业资源、更强的综合能力，所以无论是在职场还是创业，你都有更多选择的机会：

· 更多优质的跳槽内推机会

· 更低风险地转换行业

· 通过个人品牌创业，勇敢地开启人生第二条曲线

所以个人品牌，其实也是职场必备的硬技能，更早为自己打造个人品牌，你可以为自己创造更多机会，享受更多产生复利的人生。

1.4.2　如何实现个人品牌变现（电商／社群／产品）

商业的本质就是价值的交换，只要你有比周边人做得更好的地方，就可以把他们通过个人品牌放大并变现。

美国作家凯文·凯利在《技术元素》一书中提出：如果你有1000名铁杆的粉丝，每个人只买一次你的产品，按最保守的估计，生存问题就解决了。

他的书中有这样一段话："保守假设，铁杆粉丝每年会用一天的工资来支持你的工作。这里'一天的工资'是一个平均值，因为最铁杆的粉丝肯定比这花得多。假设每个铁杆粉丝每年在你身上消费100美元，而你有1000名粉丝，那么你每年就有10万美元的收益。减去一些适度的开支，对于多数人来说，这些钱足够过活了。"

其实，这个假设在中国早已得到验证了。我以前在帮助一位做留学方向个人品牌的老师寻找合作渠道的时候，认识了一位上海地区的宝妈社群群主。她在帮助自己的孩子出国留学的过程中，积累了大量有用的留学信息和资料，也总结了很多雅思、托福考试的学习资料。这位妈妈发现周边很多人也在为孩子出国这件事苦恼，为了给周边朋友提供力所能及的帮助，她组建了一个留学主题的社群，大家一起分享和讨论孩子留学相关的信息。

慢慢地，这个社群发展到了 2000 人规模，而且群员对这位宝妈群主非常信任，所以群主的"带货"能力超强。她不管推荐什么产品都有很多人购买，她拿到的提成也非常可观，比如一单留学产品可以拿到 5000 元，一年下来社群给她带来的收入至少 40 万元。

并且，因为很多机构都希望这位宝妈能帮忙做口碑介绍，所以争相邀请这位宝妈免费体验自己的产品和服务。最后，她孩子的语言培训、留学申请等都由当地非常不错的机构免费赞助，为家里省了近十万元。

这位宝妈平常在家全职照顾小孩，只是利用空闲的时间经营一下社群就取得了这么好的成绩。如果我们付出努力认真打造自己的个人品牌，相信一定可以获得更大的收益。

所以对于有个人技能、知识、特长或兴趣爱好的人来说，打造个人品牌就是不需要店铺、不需要成本、不需要团队的零成本创业。只要拥有一部手机、一台电脑，当时机成熟，它们就会为我们带来金钱的回报，并且成为我们人生下一阶段的推动器。

1.4.3　创业者如何使用个人品牌从而营收翻十倍

中国人从古至今都非常重信，在还没有互联网的时候，大家都很看重乡间邻里的口碑。一个人做人、做事是否靠谱、诚信，向周围人一打听就全打听出来了。在地方上有口碑、有声望的人，就会得到大家的认可与尊重，有非常多回头客和转介绍。这就是还没有互联网时代的个人品牌。

现在有了互联网就大不一样了，故事和口碑不但可以在周边人群中流传，还可以被自媒体记录下来，帮助我们快速获得更多人的信任和了解。一个故事可以有上万人阅读，带来上百个高价值用户。

所以，很多创业者都希望尽早打造自己的个人品牌，他们明白自己只要花费一点点时间，就能获得相当多的好处：

第一，创业冷启动更容易。

在创业时，个人品牌可以帮助你快速获得第一批客户。打造个人品牌，就意味着已经有一些人正在关注你、信任你。所以在创业之初，当其他人还在为客户从哪儿来头疼时，你发布一篇推文，或者发一个朋友圈就能获得订单，甚至在你创业之前，就有客户预订你的产品和服务，创业冷启动非常容易。

第二，节约大量市场推广、营销获得客户消费费用。

电商行业里，淘宝、京东一个新用户的获得客户成本已经达到了 300 元；教育行业获取一个精准用户信息。例如一个电话号码的成本是 200 元，获取一个成交用户的成本在 500—5000 元不等；做一场线下品牌推广活动费用至少要 3 万—10

万元；做广告投放，千万订阅的公众号头条报价均在40万—60万元一条。所以，当前市场获客成本相当高，但是如果你有个人品牌，就可以为公司节约几十万元，甚至上百万元的市场推广、营销获得客户消费费用。

第三，帮助快速成交。

销售中效果最好的是顾问式销售，也就是站在用户的角度提供咨询和建议，用自己的产品和服务去解决用户的问题，在这个过程中自然地建立信任感，从而实现成交。信任感的建立其实是我们打造个人品牌的核心，有个人品牌的人会比没有个人品牌的人更容易获得用户的信任，成交也会更快。

第四，不需要成本。

我有一位私教课的学员，因为职业发展的原因考虑转型成为社群运营的培训师。他把自己熟知的内容梳理成为线上课程，用PPT的形式整理好，第一个月就在自己的朋友圈变现10万元。中间除了图片制作花费了300元，完全没有其他成本。

了解了不同类型的人打造个人品牌有哪些好处之后，你对打造自己的个人品牌是不是也跃跃欲试了呢？别着急，下一步我们就一起来学习如何高效打造属于自己的个人品牌！

第二步

精准定位篇

打造爆款 IP 的核心定位体系

打造个人品牌的第一步就是找到自己的定位。如果我们把打造个人品牌比喻为掘井，那么定位就是勘探并筛选挖井地点的过程。如果我们定位在一个错误的地方，哪怕付出再多的努力也不会有收获。

有人也许会说，个人品牌定位不就是创造出一个抓人眼球，让人印象深刻的昵称和标签吗？这种说法得到了很多人的认可，他们花费了大量力气去思考和优化自己的微信、抖音等社交平台的昵称、签名。

然而我对此不以为然。

昵称与标签优化只是个人品牌定位中非常浅表的层面，远远没有触及实质。用上面这个方法去做个人品牌的定位，就好比建房子时完全忽视了地基和主体，只是急着把房顶装修好，就以为完成了房子的搭建。这种做法显然容易漏洞百出。

我对定位的理解是：从需求出发完成个体品牌者的目标人群筛选、产品体系设计后，基于用户和产品进行的一整套对外营销推广设计。

定位也不是一成不变的。随着个体品牌者能力的增长，能解决的问题和服务的用户群体会越来越多。到一定阶段，个体品牌者还可以根据市场变化和收入数据，变更主要服务的人群、着重解决的问题、产品体系和营销方式，这个过程就是个人品牌的再定位，或者说是个人品牌的升级。

所以，做定位并不是想一个引人注目的昵称或个性签名，而是一个体系化分析和设计的过程。我将这个过程划分为 5 个步骤，取名为"个人品牌五维定位法"，来帮助你完成个人品牌的定位设计。只要你跟着本章节梳理一遍，相信你对打造自己的个人品牌会越来越有信心，你可以切实地看到谁对你有需求，你能为他们提供什么价值，愿意为你付费的用户在哪里。打造你的个人品牌不再只是一个美好的愿望。

个人品牌定位的 5 个步骤是：

· 自我分析
· 确定赛道
· 独特定位
· 建立产品体系
· 营销卡位

那么，我们就从第一个步骤开始行动起来吧！

2.1 自我分析
从这5个方法入手,你也能找到自己的核心优势

市场交易的核心是价值交换，有价值才有生命力！作为个人品牌，你能为别人带来什么价值，能为什么人解决多大的问题，决定了有多少用户会愿意追随你，为你付费。

个人品牌定位的梳理工作，最首要就是找到自己有哪些突出的能力或优势，除了自己总结的能力和优势，同样要重视在别人眼中，你的能力和优势有哪些。有时候，自我认知会有盲区，反而别人看重的能力，相对更贴近用户和市场的需求，因此，在梳理能力和优势时，两个方向都需要参照。

有人说，我好像没想到自己有什么突出的能力，该怎么办？别着急，我给你提供5个梳理自己潜能和能力的方法。你可以对照着这些方法进行自我分析，多角度挖掘自己的强项和能力。

每想到一点，就把它列在纸上，把它变成你的优势清单，再基于自己的能力分析和筛选出个人品牌打造的方向。

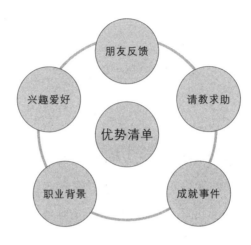

个人品牌自我优势分析的 5 个方法

2.1.1 朋友反馈

每个人都有认知盲区，很难做到时时刻刻都准确地认识自己。这个时候，你往往可以从朋友处得到比较客观的反馈。

我有一个朋友白姐，人缘特别好，跟人相处总是让对方觉得很舒服。她运营的社群氛围和转化也都很好。我们都觉得她同理心特别强，仿佛可以本能地体察和照顾到对方的感受，而且经常是对方还没有把话说出口，她就知道对方在想什么了。但是她从来没有意识到这是一项能力，以为每个人都能做到。

后来我们跟她聊起这件事情。原来她的成长环境比较复杂，从小就要学着处理人际关系，要会和不同的人打交道。这段成长经历锻炼了她的人际交往能力，长大之后，她总是习惯花很多时间跟周边的人交流，深入了解他人的生活、工作和想法，知道对方是一个什么样的人之后，才觉得安心。这已经变成了她潜意识的动作，她从来没有觉得这是什么特殊的能力，还以为其他人都是这样的。

所以要想挖掘出自己的能力和潜力，除了自我总结，还可以筛选3—6位对你比较了解的朋友，在轻松的状态下听听他们对你优势和能力的看法，其中一定会有你没有想到过的惊喜和反馈，让你看到新的东西。

小丽特别喜欢读书，文学、商业、财经、社科类图书都看了不少。她想要打造"读书达人"的个人品牌，所以经常在朋友圈发布一些读书笔记和评论。小丽以为读书就是自己最擅长的事情，可是朋友圈的分享一直效果平平，点赞的人也越来越少。她的闺密说，你有没有发现，周边人跟你聊到产后瘦身的话题时，他们的眼睛会放光，这是很多人感兴趣的，而且他们都很佩服你的自律，很多人都做不到。

小丽不太确定是否应该打造"产后瘦身达人"这个方向的个人品牌。这个方向不像读书达人那么"高大上"，而且真的可以变现吗？直到有一次，她碰巧在社群里无意间聊起了这个话题，群内成员的反馈真正颠覆了她对自己的看法。

当时群里有人问到应该如何减脂瘦身，热心的小丽马上在群里分享了自己的经验和心理历程：有哪些减肥方法、自己产后是如何瘦身的、如何科学饮食等。这一次互动完后，群里竟然有近20个朋友加她，更让小丽惊喜的是，新朋友不仅希望她帮忙针对化地分享一些方法和实用好物，甚至还有人提出要付费邀请她作为自己的减肥教练。小丽恍然大悟，觉得这个方向大有机会，朋友提醒得太对了！

对别人有用的能力才有变现价值，所以当你迷茫时，不妨听听朋友对你的看法。我们要怎样发现对别人有用的能力？多听用户说，多听你的朋友说，自以为的能力不算。很多创始人都表示，自己最后成功的业务，大多不是最开始创业时执着去做的。所以我们不管是创业还是打造个人品牌，都需要主动适应和迎合用户需求，不要自嗨。

我在确定自己的个人品牌方向之前也非常迷茫。虽然我身边不止有10个朋友跟我说，你有没有发现自己的一个特质，每当你做一件事情，只要做成了，你就可以很系统地给别人讲清楚整个过程，你是怎么做到的？

是吗？这是一件很值得强调的优势吗？我清晰知道自己不仅可以讲清楚这件事的底层逻辑，还可以轻松地总结出各个环节和流程用了什么方法、有哪些注意事项等，变成清晰可落地的 SOP。我讲述的方法跟其他人不一样，我会提前了解清楚对方的认知基础和能力水平，然后根据对方的认知和能力灵活调整演绎的内容和方式，确保对方容易吸收。假如我们的目标是到达第十层楼，那我会先了解清楚对方目前所处的楼层，他还有多少体力，然后帮助他到达第十层。

朋友说，那你很适合去做分享和培训啊，有落地结果又能总结和输出的人太少了，不是每个人都拥有这样的复合能力！有的人自己能做，但是很难系统复制给别人。我听完似懂非懂，因为当时在头部平台工作，我满心想的都是扶持个体品牌创业，从各个角度挖掘怎么能帮助他们做得更好，一直投身在一线，所以就没有把朋友说的放在心上。

由于工作成绩不错，前后任职的两家公司竟然不约而同地邀请我做一些对内、对外的培训和行业会议分享，我也就抱着帮助公司推进业务的心态来用心准备。后来我收到了非常多的正面反馈，用户给我留言说内容对他们非常有帮助，我还因此接到很多合伙人邀约、工作邀约，并获得了一些付费邀请我做咨询、培训机会。我因为还在职，都一一感谢后婉拒了。

到现在，总结和输出自己的实战经验已经成为我工作的常态，甚至带来了收入，这是我几年以前从未想过的。

所以我们不一定是最了解自己的人，你的朋友说不定更能看到你的闪光点！去和朋友们聊聊吧，把他们的反馈记录下来。

2.1.2 请教求助

如果你听完朋友的评价，依然对自己的核心能力没有清晰的认知，那就好好回忆一下自己周边的人，经常会来问你什么样的问题。

这里有 3 种不同的情况：

第一种情况，如果完全没有人来问你，那么你就要反思一下自己的专业能力是不是不够，是不是没有拿得出手的成绩，不然为何没有人来请教你？

假如是这种情况，那么你的当务之急就是赶紧强化自己的专业能力。你可以在工作中实战学习，边学习边总结和输出。还记得我们第一步说的吗？总结和输出既可以帮我们快速学习和迭代，也可以帮我们打造个人品牌。

当然也有第二种情况，那就是你为人处事比较低调，很少主动对外说自己的成就，不管是朋友圈还是日常交流，都不太喜欢去展示自己。

这种情况也有不少，因为有的人天生不喜欢站在台前，他们的性格或认知让他们比较喜欢当幕后的人，做操盘手。所以，如果你很享受在幕后默默地操盘一个项目：管理项目的进度、调配资源，享受事情做成时那种很强的成就感，那么你可能需要思考自己是否乐意和适合走到台前来，打造自己的个人品牌。

这里也有一个很有意思的事情，很多网红都想过安安静静回到幕后做一名操盘手，很多操盘手也想要走到台前，觉得自己也可以获得不错的成绩，大家都会有点羡慕对方的状态。

所以你不妨思考一下自己的低调是可以调整的吗？你愿意在社群和大众面前分享自己的认知和成绩吗？你愿意总结自己的实战方法，帮助其他人走得更好吗？

第三种情况就是，有的朋友觉得自己的成绩与那些叱咤风云的前辈相比根本不值得一提，所以不愿意对外分享。这里就需要调整一下认知了。我们去做分享的初心，一定不是标榜自己有多厉害。之所以花那么多时间准备和分享，是因为这样做说不定能帮助到别人。

抱着有益于别人的心态去准备内容，内心的压力感就会大大降低。不要想着别人是否喜欢自己，而要去想用户遇到了哪些问题，然后尽力去解决他们的疑问，给出方法和指导。这就是做 IP 最大的秘诀——利他之心。

在这个过程中，没有骄傲，也没有标榜，一切坦坦荡荡，所以我们可以很有底气。如果用户听了觉得有帮助，那么我为之开心，如果用户听完反过来讥讽你，觉得这么一点小成绩根本不值一提，你也不必理会。

退一步来说，随着自己能力的提升，你肯定能做出更大的成绩。用户暂时不认可你也没有关系，鲜花盛开，蝴蝶自来。

对待这种事情不能有"玻璃心"，做个人品牌，谁还没有被黑过呢？

回到正题，为什么第二项参考指标这么重要，因为周围人来请教你什么问题，一定是因为你在这个方面有过人之处，而且他们认可你的能力。

随着短视频的兴起，薇薇也开始在快手分享一些视频。她从小喜欢舞蹈，系统学习了芭蕾、肚皮舞、中国风古典舞等，舞蹈底子很扎实。薇薇把自己跳舞的视频随意发布在平台，没想到少的几百点赞，多的有上万点赞，这大大激发了她的信心和兴趣。

粉丝有 3 万的时候，她开始了直播。让薇薇没有想到的是，直播的时候，大家问她的不是舞蹈动作，而是富贵包、驼背、X 形或 O 形腿怎么办？通过跳舞可以减肥吗？什么动作可以瘦肚子？大多是一些形体相关的问题。还有的人问护肤问题，你看起来好年轻，是怎么做皮肤保养的？再如，如何消除鱼尾纹，等等。

后面薇薇根据大家的需求调整了自己的定位，把自己的标签改为"形体教练"，根据丰富的舞蹈经验，为平台用户编了一套简单易学的舞蹈形体操，同时分享一些护肤知识。慢慢地，越来越多的粉丝因为想要持续跟随薇薇学习，加了她的微信。她的产品销量也多了起来，单场流水开始突破 15 万元。

所以仔细思考一下周围人经常问你什么问题，这个非常重要，有时候用户的问题与你自己预想的完全不一样。

霞姐生了孩子以后，母乳喂养总是出问题，在这个过程中大人和小孩都受了不少罪。因为自己遇到的问题比较多，所以霞姐体系化地学习了这个领域的相关知识，还考了证书。随着孩子慢慢健康成长，她发现周边很多朋友生完孩子以后都找她咨询母乳喂养的事情。

随着咨询的人越来越多，霞姐从线下一对一母乳喂养指导做起，手把手指导新手妈妈正确地进行母乳喂养，同时在线下开展小沙龙，分享一些母乳喂养、科学育儿的知识。在这个过程中，她渐渐形成了母乳喂养的个人品牌，还成立了自己的工作室。

后来，为了更好地服务线下客户，她开拓了线上课程板块，发展成线上课程与线下服务结合的方式。刚开始，她的课程受众主要是朋友圈里不到 4000 位的粉丝朋友，因为不懂课程推广，她凭直觉发优惠券到朋友圈和群里引导消费，没想到效果还不错，很多粉丝购买了全套课程。

霞姐说自己完全是被朋友和用户推着向前走的，不管是个人品牌的打造也好，还是开发的母乳喂养指导课、宝宝辅食课、背奶课、母乳喂养指导师的专业系统课（上千元）都是根据用户的需求来量身制作的。

因为霞姐总是及时响应用户的需求，这进一步提升了客户满意度，对线下服务也是很好的引流和补充。经过这几年的发展，霞姐的小工作室一年可以轻松做到 100 万元营收，几年下来她就在当地买房了。

所以，仔细倾听周边人的问题及用户的声音，对你未来的事业方向是很有借鉴意义的。花一点时间思考一下周围人问你的问题吧，也请把答案写在优势清单上！

2.1.3　成就事件

有很多人记得鉴锋这个名字，是因为他策划了两个刷爆营销圈的活动——网易"戏精"课和《三联生活周刊》裂变活动，我们可以从他的个人品牌打造之路获得很多启发。

网易戏精课实现了 3 天裂变超过 10 万新付费用户的好成绩，这在当时是知识付费行业的营销爆款案例，可以说开创了知识付费分销元年。在这之后，很多公司都展开了社交裂变和推广的尝试，刷屏活动层出不穷。

当大家都较着劲儿地想要打破鉴锋的裂变成绩时，他却自己打败了自己。网易戏精活动之后，鉴锋紧接着推出了《三联生活周刊》的刷屏活动，更是在 2 天内裂变了超过 10 万付费用户，这个活动成为传媒行业年度营销爆款案例，并且成功助力三联从传统传媒转型到知识付费赛道。

在鉴锋之前，整个行业都没有十分重视付费课程的朋友圈裂变，只是将其作为一个常规的基础步骤，没人知道这个模式放大到极致后会产生这么好的效果。所以两次刷屏事件以后，整个行业都牢牢记住了鉴锋这个名字，并且把这个名字和微信生态的裂变画上了等号。这就是一个非常鲜明的个人品牌定位。

当我们用成就性事件打开了知名度后，还需要重点关注以下3件事：

首先，你要及时固化自己与这个标签的联系，进一步沉淀你的个人品牌。

其次，知名度打开后，机会也会随之蜂拥而来，能不能承接得住，要看你的应变能力。

最后，自己的业务模式梳理清楚后，多跨界做分享，隔一段时间攒一个标志性的大事件，不时回到大众的视野中，这样你的个人品牌就会有源源不断的生命力。

在打出知名度后，鉴锋是怎么做的呢？他完全做到了上面的3点。

当大家都还在探索裂变活动要怎么做时，鉴锋第一时间把自己操盘这两个裂变项目的经验总结为文档，完全免费地对外公布。因为这份文档里的步骤清晰，含金量很高，所以在行业社群中广为流传。大家看到文档的内容后，都忍不住转发到公司群、同行群或者自己的小圈子里。行业内人人都在讨论，激起了全行业做刷屏活动的热潮。

因为这两份复盘文档都打上了鉴锋的名字和微信的水印，所以这个动作又一次强化了他在微信生态裂变的 IP 属性，扩大了全网的知名度和影响力；而且通过展示自己操盘裂变项目的复盘和步骤，大家对鉴锋的专业能力更加信服，也对他的格局和心胸非常有好感。

这就带来了越来越多的机会，甚至很多其他行业的公司也主动找来希望与他们合作，比如金融、银行、电商行业等，并且报价不菲。许多行业活动、头部公司也想邀请鉴锋去做分享、内训。

后来鉴锋通过收学徒和招聘的方式快速培养和扩张自己的团队，把知识付费和在线教育的裂变模式复用到了其他行业，给宝洁、腾讯、华润、太平保险等 200 多家公司提供裂变活动策划。鉴锋公司团队如今已经有 200 人以上的规模。

所以，假如你在某个领域做出了让人记忆深刻的大事件，并且这个方向存在付费点，那么可以马上把它记录在你的强项清单里，作为个人品牌方向的备选，说不定这个领域就是你可以深入去做的。

2.1.4 职业背景

你知道吗？你长期从事的职业是你打造个人品牌时最有潜力的方向之一。你曾经在这个职业上积累了多年的经验、能力、成就，在这个基础上打造个人品牌会更容易。

阿宽是一位在职英语老师，因为个人爱好、教学练习和想要帮助他人的心，他从2013年开始在优酷等视频网站上传免费的英语教学视频，供零基础的成人学习，各大视频网站累计播放量超2000万次。因为他本身是英语老师，教学视频内容也不错，所以积累了不少网站和私域粉丝。在2015年，阿宽老师开始经营公众号"零基础学英语"，目前粉丝有30多万，当年就通过各种方式变现超过一百万元。所有这一切都是阿宽老师基于"英语老师"这份职业做出来的。

所以如果你热爱自己的工作，那么你可以考虑基于自己的职业打造个人品牌。比如你一直是你们公司的销冠，那就可以考虑打造一个销售和营销方向的个人品牌。

我自己也是因为一直非常热爱线上IP打造与变现的工作，为了帮助自己更快成长，以前常常会在工作之余总结输出自己的一些方法。后来领导就会让我在公司内部分享、培训、带新人，慢慢再输出一些内部的标准化流程，撰写SOP手册；甚至还会给外部的合作伙伴做培训。在工作期间，我额外做的这些事情并没有给我带来收益，但是无意间帮我把个人品牌树立了起来，给我带来更多的发展和创业机会。

这个方式打造个人品牌的最大优势就在于：第一，它可以给你双重的动力——因为打造个人品牌和你的主职工作是相辅相成的，做好工作的同时，你也有了个人品牌打造的基础；第二，它可以让你短期内就能看到正向反馈。这是什么意思呢？打造个人品牌前期的一段时间里，你也许看不到回报。如果是与工作相结合，它就可以在短时间内促使你做好本职工作，由此带来的正向反馈更能给你动力，让你把这件事持续地做下去。

阿宽老师也跟我说过，他2013年开始研究视频教学，陆续在优酷、搜狐、爱奇艺等网站上传免费视频教程的时候，整整两年时间几乎没有什么收益，白天上班，晚上录制视频，经常忙到夜里12点。能够坚持下来的理由一是靠热爱，二是靠信念，他坚信只要肯持续不断地为社会付出，总有一天会获得回报。

你从事过哪些职业呢？从这些职业中，你掌握了哪些技能呢？赶紧把自己觉得比较突出和喜欢的职业方向写下来吧！

2.1.5 兴趣爱好

你有想过要把自己的兴趣爱好变成个人品牌标签吗？

不管你是热爱健身、摄影、旅行，还是化妆、美食、购物，都可以通过短视频、图文、微博、小红书等各种自媒体平台扩大自己的影响力，多样化变现。这对很多人来说是崭新的事业机会。

小米特别喜欢烘焙，是一位资深的美食爱好者。出于兴趣，她经常在工作之余在自己的朋友圈发一些美食作品，还借着朋友生日、聚会、野餐等各种活动，热情地把自己制作的美食分享给朋友们。她还积极收集点评和建议，不断做优化和改进，收到的点赞越来越多。再加上她的用料非常健康，一年下来，她收获了200多位非常认可她的烘焙美食的朋友。

这一年，她还组建了一个资深美食点评家的小群，邀请对烘焙同样感兴趣的朋友加入。慢慢地，大家想要举办生日聚会、公司团建，赠送节日礼物的时候，也都不好意思让小米再免费为大家做烘焙美食了。大家纷纷催促小米为她的产品定价，比如承包一场生日聚会多少钱，做一套中秋节甜品礼盒多少钱，定制一个月的早餐多少钱，小米每个月都有了几千元的额外收入。

后来她在自媒体平台同步输出一些内容，进一步放大自己的个人品牌，比如下厨房、小红书等。她在下厨房上发表的个人食谱两天的阅读量达到了200多万。她的私域用户越来越多，除了烘焙定制，很多用户还向她反馈自己有时候想在家做烘焙，但总没有小米做得好吃，所以希望小米开发一些线上微课，推荐一下她在用的烤箱品牌、原材料品牌等，让他们在家也能简单做一些美味点心。

知道用户这个需求后，小米决定好好做这两条业务线。因为烘焙定制始终是非标的业务，很难规模化，而且收入不稳定，旺季订单多，淡季订单少。假如有后面这两条业务线补充，一份投入就能有多份收获。小米后来根据用户需求开发了微课变现和烘焙电商带货这两条业务线。

小米的微课包括"如何做流心芝士挞""水嫩蒸蛋糕系列"，还有"怎样做麻薯""蛋黄酥等网红点心"，每个课程的定价也不高，如 29.9 元或 39.9 元，一个课程的销量很快可以到1000—2000 份，这为小米带来了一笔不小的收入。

同时，她还与和自己紧密合作的供应链谈了分销合作。因为用户对小米非常信任，所以烘焙的原材料、工具也大都从她这里下单，小米中间可以获得分成。整体算下来，她的副业营收已经远远超过主业了。小米说，再发展稳定一阵子，自己就开始全职创业了。

所以如果你对某个方向特别感兴趣，那么不要轻易放弃，把它写在自己的能力清单上，作为打造个人品牌的备选方向吧！

2.2 确定赛道
从这3个维度入手，你的个人品牌价值千万

梳理到现在，你的能力清单上一定有了不止一个备选方向吧。那么究竟应该选择哪个方向呢？

吴老师是一家500强企业负责营销和销售的部门高管，因为工作特别忙，完全没有时间照顾家庭。钱虽然挣到了，但是身体因为高强度工作变差了，而且随着孩子长大，他发现孩子开始出现自卑、叛逆等各种问题。

身为爸爸的他急了起来，挣那么多钱不就是为了给孩子创造好的生活条件吗？他这才醒悟过来，孩子需要的是更多的陪伴。吴爸爸辞去高管职位，开始跟着多位家庭教育、心理学导师学习正确的育儿理念，不断修正自己的行为习惯模式，调和自己的安全感。

在老师的课堂上，他哭了很多次，深深体会到父母陪伴的

缺失、错误的教育方式会给孩子带去多么大的负面影响和多么沉重的压力。在不断自省和调整的过程中，吴爸爸也具备了成为家庭教育导师、亲密关系导师、营养师的资质，把多年来做父亲欠缺的功课都补起来了。

因为不再全职工作，吴老师想到是不是可以通过线上的形式打造自己的个人品牌，既能够帮助自己成长，分享对大家有益的知识，未来又能获得一定收入。但是在思考从哪个方向着手的时候，他犯难了。

为什么呢？按照上一节咱们的方法，吴老师列出了5个方向的个人能力和优势，它们分别是：

- 营销和销售能力
- 团队管理能力
- 家庭教育导师
- 亲密关系讲师
- 营养师

这个时候就需要我们来做减法了。怎样筛选、找到最适合自己的高潜力赛道方向，这就要运用到我们的黄金定位系统。

黄金定位系统一共有3个维度，分别是热爱、擅长和变现指数。按照这3个维度来给每一个方向打分，得分最高的就是你的首选。

第一个维度是热爱，也就是哪怕没有收入你也愿意做的事。为什么热爱这么重要？因为它是你坚持下去并不断精进的动力。

第二个维度是擅长，也就是在这个领域，你比大多数人都做得好。如果你已在这个领域进行过系统的学习和实战，你的经验越丰富，在未来打造个人品牌的过程中，后劲和潜力就会更大，这是一种降维打击。

第三个维度是变现指数，也就是后续变现的可能性和天花板。变现指数与市场刚需程度和竞争格局关系密切。

首先，一定要做内容方向有刚需的个人品牌。什么叫作刚需呢？就是用户自发想要改变的东西。比如减肥、减重，在无数次对比自己和他人的身材后，一些人会生出强大的改变意愿，并且愿意付费去改变现状，这就是刚需。只要是有刚需的方向，市场空间就会大很多，无论是做电商产品、付费社群、付费课程、咨询顾问等都会有更高的转化和更大的营收。

相比之下，搞笑类的内容是很多人感兴趣的但变现潜力稍弱。这类个人品牌的博主的粉丝数量和关注度很高，但是这算不算刚需呢？我们用关键的标准来衡量一下，用户不看搞笑类的内容会不会非常难受，有没有很强的驱动力去付费购买搞笑类的内容和服务？

评估完之后，显然不是，而且市面上已经有太多免费的搞笑类内容了。所以这个方向的个人品牌后续变现空间比较有限，除非你可以在前期投入大量的人力、物力、财力，把账号做到非常头部，再依靠巨大的粉丝基础承接广告从而变现。但是我不建议素人这么做，因为前期投入太大了。

有没有什么方法可以帮助我们验证自己的判断，确定它是不是刚需？

有，首先去看你的直接竞品，这个细分赛道的头部公司能做到什么营收体量，基本就代表了这条赛道的天花板。

其次，可以去关注和调查这个细分赛道里不同产品形式的销量，这也能从侧面反应这条赛道的产品刚需程度。还是以减肥、减重为例，你可以去看这个方向的图书、器械装备、服装、线下运动市场的数据，多去看一些相关联产品的数据，你就可以大概知道这条赛道是不是一条高天花板的赛道了。如果一个方向上的相关联产品都卖得不好，大概率就不是刚需方向。

所以，在正式打造自己的个人品牌之前，通过这个定位系统，我们可以很容易确定自己应该做哪个垂直方向。我们还可以通过打分制来做整体衡量。比如兴趣、能力、变现指数每一项满分是 10 分，最低分是 0 分，我们可以给不同的潜在方向打分，最终得到总分最高的最优的方向。比如吴老师给自己的打分就是：

・营销和销售：兴趣 5，能力 7，变现指数 6，总分 18

・团队管理：兴趣 5，能力 7，变现指数 4，总分 16

・家庭教育：兴趣 8，能力 6，变现指数 7，总分 21

・亲密关系：兴趣 7，能力 5，变现指数 5，总分 17

・营养师：兴趣 6，能力 6，变现指数 6，总分 18

综合评估下来，家庭教育就是吴老师更适合的方向。实际上，在家庭教育方向上努力了两年之后，吴老师不仅收获了更好的家庭关系，还获得了年入百万元的经济回报。他具体是怎样做到的？在后续章节中，我会详细拆解每个步骤。

2.3 独特定位
为你想要服务的用户创造和提供解决方案

不论你根据自身情况和市场确定了哪一个细分方向，请相信，你一定不是这个方向唯一的参赛选手。那么，我们要怎样实现差异化，确保获得成功呢？

关键是要回归到你能为大家提供什么价值，解决什么问题上。

以我自己为例。我最初只是一名普通员工，和大家做着差不多的工作，也没有很亮眼的背景和起点。那我为什么可以成功打造自己的个人品牌，并且取得周边朋友和陌生用户的信任呢？

答案只有一个，我做了一件别人都没有做的事情——为我想要服务的用户创造并提供解决方案。这让我走上了和其他人完全不同的道路。

作为职场新人，很多人都是领导吩咐什么就做什么，既不知道学什么也不知道怎么学，其实处在很迷茫的一种状态。我和其他人不一样的地方是，我从大学开始目标就很明确，我想要为个体成长提供好的线上解决方案。

这样明确的驱动力和愿景来源于我的成长经历。我出生在重庆的农村，小时候家里的上学条件有限，村里甚至没有一座像样的图书馆。我三年级前过得最开心的生日是收到了两本书，那天晚上甚至高兴得睡不着觉。后来我努力学习，考到一线城市，发现大城市的教育资源实在比小地方好太多了：坐拥数百万册藏书的图书馆、包罗万象的电子数据库、丰富多样的国内外线上网课、见多识广的导师……如果能让更多人低门槛享受一线城市的教育资源、师资资源，那是不是就可以让更多人受益了？

这个愿景让我很激动。每个人的力量是有限的，一个导师能服务的用户也是有限的，但是如果我可以服务好成百上千位优秀导师，让他们能安心服务好他们的用户，不就能让更多人受益了？

我的心中一直有一个声音在指引着我——我一定要为他们创造并提供优质的解决方案，帮助他们打造线上个人品牌并且成功变现，这是一件很有意义的事情！

一个人一旦有了替别人解决问题的决心，眼里就会有很多可做的事情，发现很多值得探索和学习的新领域。

打造线上个人品牌是一个新兴领域，当时还没有成熟的方法可借鉴，很多个体在做线上个人品牌的时候会遇到各种各样的问题。比如一个人坚持不下去，找不到方向，不知道用什么工具录制视频，不会剪辑，没有线上流量和渠道资源，等等。

但是不管他们遇到什么问题，我都会尽全力帮他们解决。不懂工具和直播流程设计，我就去对方的公司手把手跟进。

没有线上平台资源，我就通过各种方式帮他们拓展、对接线上资源（包括喜马拉雅、读者、国馆、唯库、荔枝微课、千聊等平台），以线上直播分享、线下活动、线上爆款课程等方式，让我服务的个人品牌获得更大的曝光。

发现直播销售转化率和课程设计的效果不理想后，我前后花费了近 10 万元积蓄，潜伏在高转化的老师的课程和社群体验学习。我学习过上万元的线下课、定价几千元的线上训练营，比如中欧国际工商学院和网易云课堂合作的微专业课程，还有大量定价为 99 元、9.9 元、1 元、0 元的课程。学习的平台涵盖了抖音、学浪、网易、混沌、得到、喜马拉雅、千聊、荔枝微课等 40 多个平台。

直播销转的经验我也广泛从各领域优秀的导师处学习，比如电商直播、电视导购、线下会销的设计等，内容设计的底层逻辑其实是相通的。

我知道这很疯狂，我身边没有人像我这样买课，即便买了也很难像我一样去认真听课。但是我告诉自己，你自己都没有听过精彩的课程、切身体会过各种课程设计给用户带来的不同感受，你都没有正儿八经地做过学生，怎么能做出好的课程呢？

所以那几年早起洗漱的时候在听课、睡觉前在听课、做家务的时候在听课，甚至上下班路上的时间也戴着耳机在听课。因为有时候也会体验一些少儿方向的内容，邻居家的两个小女孩常常会来我家玩，跟我成为很好的朋友。

线上个人品牌打造在当时也没有成型的方法，只能靠自己去探索和总结。因此我也跨界借鉴了市场营销学、社会学、品牌管理学、消费者行为学、心理学等学科的成熟方法，再根据不同领域的优势点，把它们整合应用到当前的情景中。

那几年时间，我基本上都是最后一个从公司离开的人。其实我的工作在晚上 8 点前差不多就完成了，9—12 点是我学习新知识和总结经验的时间，复盘完当天的工作后，我需要及时解决所服务的个体品牌者提出的新问题，为他们寻找最佳的解决方案。

这种学习和积累其实是在下笨功夫，进展是很慢的。比如学习打磨线上课程的内容时，我会有针对性地购买和体验各领域的精彩课程。一个课程拆解下来，可能需要一周甚至更长的时间才能完全消化。

为什么要这么久？因为我会对应视频把脚本逐字逐句打印出来，仔细分解和标注课程的结构，研究各个部分所占的时间比例，拆解出授课的逻辑，研究授课老师是如何设计衔接课程、怎样调动学员的积极性的，她讲哪些内容的时候学员最容易激动，讲到什么地方时用户特别愿意跟着他继续付费学习……这些点我都会逐一归纳总结。

后面拆解的课程多了，慢慢就总结出了一套有效的直播模板。经过我的辅导，一位完全没有线上经验的老师，直播时的免费流量能做到3%—5%的转化，基本可以收入0.5万—1万元，低价付费的用户最高可以做到40%的高客单价转化，大大增加了他打造个人品牌的信心。

因为我一直想要帮助个人品牌解决他们前行路上遇到的问题。围绕着他们的需求和痛点，我探索并创造了一套从零起步的解决方案，并且实践效果非常好，孵化了多位营收过百万元、过千万元的个人品牌。

个人品牌打造的痛点与问题：

· 不懂如何打造个人品牌

· 不知道自己应该做哪个方向

· 没有流量、不懂引流

· 不会运营，用户转化差

· 没有体系化的付费产品

· 不会带货，东西卖不出去

· 不懂如何开发一门畅销、有口碑的好课程

· 没有团队，所有事情只能自己做

我们团队针对上面的问题，提供了两套解决方案：

一是将个人品牌打造方法论 + 实战指导 + 全套工具推荐 + 人脉资源对接（帮忙从零打造个人品牌及变现）。

二是高端孵化服务，提供团队支持（需通过审核后合作）。

好了，我的故事讲完了。当你确定了你想要打造的个人品牌方向后，你能脱口而出你的用户有哪些痛点和需求吗？针对他们的问题，你能为他们提供一套行之有效的解决方案吗？如果你可以做到，那么恭喜你，你的个人品牌就有了脱颖而出的机会；如果你现在还做不到，那也不用着急，你完全可以像我一样在实战中去积累和总结，以及通过多向前辈学习来快速消除自己的盲区。

好的，现在针对你选择的方向，写出你所洞察到的用户痛点和问题，以及你可以提供的解决方法是什么吧！

2.4 建立产品体系
找到你的最佳产品化方式，搭建变现地基

有解决方案代表你的专业过关，但是要想成功打造个人品牌，你还需要把你的专业变成付费产品。所以你需要找到一个最恰当的方式去解决用户的问题，把它设计成一个产品或者一个产品体系去满足他们的需求。

艾米在寻找合适的产品化方式道路上就走了不少弯路。

艾米是一名服装与形象设计行业的从业者。工作几年后，她发现只有少部分高收入人群会在他们公司购买形象设计服务。这些服务都要价不菲，一整套下来往往要花费数万元。从妆容到发型，再到服装搭配与定制，艾米需要从整体风格上为顾客打造最适合他的个人形象，有时还会引入一些美妆、医美的产品。因为选择服务的是高净值客户，所以她工作的线下形象设计机构毛利润非常可观。

服装设计师艾米有很好的专业功底，再加上这几年的学习与实战，她慢慢总结出了一整套方法。为了让普通人也能接触到专业的形象设计服务，她萌生了创业的想法。

创业的过程很波折。她最初只是和朋友创立了一个小的线下工作室，提供定价亲民的形象设计和服装定制服务，一整套服务的定价在 5000 元以下。本来以为价格大幅降下来了，公司业务会非常受欢迎，但事实恰恰相反——因为门店选在普通的小区旁边，周边人群对形象设计基本没有概念，更不愿意花几千块的高昂成本来改善自己的形象。许多客户进来询问价格后直接就走了，任凭艾米怎么跟他们强调良好的形象的重要性，客户也没有回头的意思。

因为公司没有进账，每个月还有房租、水电费等固定成本，这让艾米捉襟见肘，工作室很快就要维持不下去了。艾米和我认识后，她表示自己压力非常大，完全不知道问题出在哪里。"是因为销售能力不行吗？"她问我。

我说："你的能力没有问题，否则你当年就不可能把业绩做得这么漂亮。最主要的问题是你没有针对自己想要服务的用户设计适合他们的产品，只是照搬原来公司给客户的解决方案和产品体系，所以失败了。"

为什么这么说呢？我们来仔细分析一下艾米的创业为什么会失败。首先要明白的是，当你想要服务的用户群体发生变化时，你实际上是在开始一个全新的市场，因此，你需要重新去研究和了解新用户群体。

以形象设计服务为例，不同人群就是完全不同的市场。艾米从前的工作中接触的用户群体，第一需求是最优质的服务效果和情绪体验，这部分用户对价格是不敏感的，几万元，甚至几十万元都不在话下。

而艾米创业后想要服务的新用户群体，第一需求是以低成本改善自己的形象，不想看到花很多钱买回来的衣服吃灰。他们的收入水平相对一般，大部分都还背负着房贷、车贷、家庭各项开支等压力，所以对价格很敏感。即便艾米的收费已经是形象设计行业的中低档，但是对这部分用户来说还是太高了，他们付不起。

一心想让更多人体验形象设计之美的艾米，并没有意识到自己在做的是两个完全不一样的市场。她照搬了以前公司的模式，做形象设计和服装定制服务。然而这种模式只适合定位相对高端的客户。为什么呢？首先，线下运营会产生场地成本；其次，她的服务是个性化定制，每一位新客户都需要一套针对化服务，要投入一定的人力成本，因为客户多了就需要更多服务客户的人员。这两项就决定了她的创业成本一定低不了，只能提高客单价。但艾米将工作室的地址选在了普通的小区，客户能接受的试错成本可能在 200 元以内，甚至希望服务是免费的。所以照搬以前的模式，注定了艾米的工作室是经营不下去的。

这就是为什么光有解决方案还不够，还要针对你的用户群体设计适合他们的产品体系。这个过程是从专业化向商业化的过渡和蜕变。成功了，你的公司就会有源源不断的营收和利润。如果过于坚持自己对产品的想法，而不去关注用户的需求，你就会被用户抛弃。

回到艾米的例子。现在你完全不必为她担心了，她如今已发展得很好。在我的建议下，艾米在3个月内实现了20万元的营收突破，渡过了最大的危机。具体是怎么做的呢？我给艾米的建议和打法适合绝大多数大众认知度较低但线下客单价高，变现潜力比较高的细分类目。如果你也想尝试或者正在尝试这种领域，可以按照这个方式试一试。

艾米的产品体系图

艾米通过线上运营的方式降低了成本。普通用户对形象设计的认知一知半解，对价格也非常敏感，因此完全可以通过线上的方式去打造个人品牌，前期先通过服装搭配、美妆、女性成长相关的免费或低价分享（客单价 0—9.9 元）去培养大众对形象设计的接受度，后期再通过付费课程体系（客单价 99—3000 元）筛选出有付费潜力的用户，最后发展线下和服装定制（每件产品客单价 300—1000 元），循序渐进、逐个击破。

这就完全解决了艾米创业所遇到的问题：

一是线下工作室场地成本高，线上方式则没有场地成本。

二是目标用户群体对形象设计的认知度不高，对价格非常敏感，与其投入大量精力一对一说服他们重视自己的形象，不如以他们可接受的价格，用课程体系的形式批量指导用户。以老师和课程的方式出现，不仅把教育用户从成本项目变成了营收项目，而且可以提升用户对个人品牌的信任——因为比起推销者，人天然会更尊敬自己的老师。

三是"免费内容—低价课—中价课—高价课—电商产品—形象设计定制"的产品体系和可以满足不同需求层次的用户，每一个用户来了都能找到自己心理价位相当的产品，这样就不会遗漏每一个用户资源，最大限度地变现。

事实证明，这套产品体系非常适合艾米想要服务的用户。经过两年的积累，艾米的线上私域用户达到了近 3 万人，这个数字对于很多动不动几十万，甚至上百万粉丝的自媒体人来说并不多，但是因为这套产品体系，艾米的营收已过千万元。

如何基于自己的解决方案设计变现产品体系，新用户怎样获取，对于每一个新加入的用户，如何服务和转化，才能有像艾米这样的高转化、高营收成绩？这里面的每一个要点，都会在接下来的步骤里展开。首先第三、第四步会详细分享个人品牌引流的方法，第五、第六、第七步主要分享在拆解产品矩阵时，各种不同类型的产品如何去运营的问题，第八步会详细分享一个用户进来以后，应该如何去运营与转化。所以跟着这本书的内容实践一次，个人品牌打造的闭环就完成了。

下面我们继续来看基于解决方案去设计产品体系的时候，你还需要注意以下原则：

首先，不要想着用一己之力去改变用户的认知——你只能适应用户的认知。在商业历史上，因为改变和颠覆用户认知而取得重大成功的公司少之又少，大部分想要这么做的人都失败了。但是你只要洞察并满足了用户需求，大概率就成功了一半，所以这条路会更稳妥。

其次，产品体系设计里至少要有引流产品、中价信任产品和高价利润产品，后期再设计周边复购产品，完善整个产品矩阵。

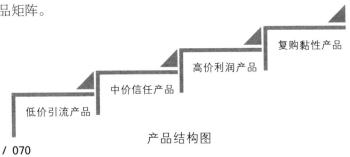

产品结构图

比如在艾米的产品矩阵里，免费内容和低价课就是引流产品、99—198元的课程就是中价信任产品，3000元左右的课程是高价利润产品，而后续的服装电商和线下形象设计定制就是复购产品。我们可以根据用户的需求和对价格的预期，来为他们设计和匹配合适的产品形式。

最后，当我们做完上面的步骤，其实已经获得一些客户了。然后我们就可以从中选择我们要重点服务的客户，将服务水准做到这个细分领域的第一。

当你的实力还不够火候时，是没有办法挑选客户的。只有我们从自己的优势和解决方案出发，不断学习新领域的知识，为更多用户群体解决问题，才有资格去挑选你的客户。

所以个人品牌的打造不是一蹴而就的，而是一个不断迭代上升的过程。也许你的目标一开始就是想做某个更高端的用户群体，但因为自身能力、资源等限制，只能从身边够得着的用户群体开始做。但是只要你有意识地积累目标用户的案例、资源、合作方，逐步完成自我升级，就有机会赢得你想要服务的用户群体的认可，最终成为这个细分领域的第一。

华为在达到今天的规模之前，也经历了30多年的持续迭代和升级，不断寻找高潜力细分市场，一步步进行自我革命。1987年刚成立的时候，因为资金限制，华为只能经营代理一家香港公司的电话交换机业务，积累了两年之后，才有足够的资金研发自己的电话交换机，企业成立后 5 年时间内，也只保持着 20 多人的规模。这和我们打造个人品牌一样，不要怕起点低，只要一步步扎实为用户创造价值，你的个人品牌一定可以成长起来。

2.5 营销卡位
成为细分领域的第一，让人无法忘记

经过前面的分析，相信你已对个人品牌有了更深入的认识。下面我们来探讨一下怎样通过营销卡位倍数放大个人品牌的变现势能。这个方法就是争取成为细分领域的第一。

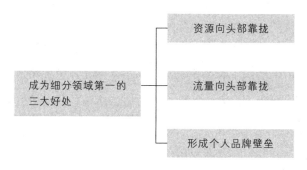

成为细分领域第一的好处

第一的影响力是最大的。如果你是细分市场行业第一，资源会主动向你靠拢，平台、大型机构、各种机会都会主动来找你；如果你不是第一，哪怕你很努力地经营和各大合作方的关系，也不一定能合作上。

第一的收益也是最大的。不仅是因为流量向第一集中，还因为行业第一有更强的整合和谈判能力；面对用户，它有更好的服务和更高的品牌溢价，整体利润空间更大。

最后，行业第一面向人才和供应链时有更强的品牌议价权，可以全方位地形成自己的壁垒。所以行业第一的营收额大概是第二到第十的营收总和。

但是很多打造个人品牌的人问，我的方向已经有很多人在做了，怎样才能成为第一呢？其实每一个类目都会有第一，如果在你大方向上很难超越前人，也许可以先在细分赛道上成为第一。

小贾是一位线下家庭教育导师，讲课排期很满，总是在出差路上。这样做了近 8 年后，他表示太累了，想要转型线上，打造自己的个人品牌。然而线上家庭教育导师非常多，他做了很久也没有太大起色。

后来，他发现了很多线上学生的家长都特别头疼一件事，就是如何让孩子做好自我时间管理。怎样才能让孩子养成自我管理的意识和习惯，而不是做作业时效率低，玩游戏又没有时间观念，做任何事情都要家长催促才能完成呢？

许多家长看到他的方法后眼前一亮，迫不及待地表示要学习。依靠着这个细分技能的定位，他赢得了非常多家长的认可。后来他把这一套方法开发成了一款 99 元的线上录播课程，还配合开发了许多游戏和配套的时间管理卡片，帮助孩子和家长将方法落地。这套课程全网的销量现在已经突破了 30000 份。

细分技能的定位可以让你从众多同质化内容中脱颖而出，直击目标用户的痛点和需求。因为你专注于这一个环节，人们会认为你更专业，你的服务更有针对性，当然也会允许你收取更高的费用。比如一个全科医生和一个眼科医生，如果你需要去做近视手术，你更信任哪一位？答案是不言而喻的。

除了通过专业的内容和细化的服务寻找个人品牌的独特定位，你还可以考虑从行业的细分切入。比如对于很多公司来说，用户增长是一个硬需求，不管是游戏、社交 App，还是金融企业，大家都需要。

可是假如我们把个人品牌直接定位在"用户增长"这个方向，那就太宽泛了。杭州一家公司的创始人凭借自己丰富的电商上下游资源，把自己的社群定位为"电商行业的流量增长操盘手俱乐部"，通过会员招募的形式变现，营收快速突破了 1000 万元。所以如果你对某个行业特别熟悉，完全可以为这个行业提供深度的解决方案。

总之，我们可以从多维度去切分一个大的市场，比如地域、用户的年龄、性别等。一旦在这种狭小的领域内做出知名度，不可替代性就非常强，因为你有第一的先发优势，而且也很少有人来跟你竞争。给大家举一些例子：

- 亚洲 ××× 第一人
- 中国首位 ×××
- 华南首席 ×××
- 潮汕家宴 ×××
- 0—3 岁宝宝辅食专家
- 最懂妈妈的职业规划师

…………

如果你没有类似上述优势，找不到合适的细分定位，那么你可以用自己做出的成绩为自己发声：

- 百万粉丝操盘手
- 年入千万元的 ××× 导师
- 北大 ×××
- 迪士尼插画师
- 坚持 10 年早起的自律达人

…………

明确线上的定位，下一步就是通过线上平台和线下场景输出专业领域相关的内容，全方位强化自己的个人品牌，同时开始全网积累自己的粉丝。那么，我们的内容要从哪里来呢？下一步我们就来详细分享，怎样真正成为一个领域的专家。

第三步

高效输出篇

轻松搭建知识体系，用专业赢得信任

要想成为任何一个领域的专家，大致要经过 5 个由浅入深的阶段，分别是新手期（快速了解领域）—实战期（开始实战）—胜任期（拿到实战结果）—标准化期（总结模块化的方法论）—专家期（深入了解前后趋势及提出面向不同问题的解决方案）。

按照上一步的方法找到自己的方向后，可以先看一下自己处于专家成长的哪个阶段。

·新手期：刚接触某个领域，处于对领域相关的知识和现状都还不太了解的阶段

·实战期：开始把学习到的方法尝试用于实战，结果有成功有失败，属于不断复盘优化的过程

·胜任期：在实战中总是能拿到好的成果，摸索出了自己的方法，开始有稳定的产出

·标准化期：把自己在实战中探索出来的方法总结提炼，开始形成自己的方法论

·专家期：不仅能解决单一类型的问题，关于这个领域的

相关问题你都能给出解决方案，而且能够从更高维度、融会贯通地提供建议以及协调资源

从新手期到专家期，一般至少需要积累 7—10 年的时间。但是使用下面这套方法，可以加快你的成长速度，在 2—3 年内成为这个领域的专业人士，走到第四阶段。

当然，哪怕你已经在一个行业有所积累，也有可能没办法对外分享你的经验和方法，因为你可能不懂总结，回顾经验的时候思绪也不清晰。下一步我将为你提供一套实操步骤，帮助你从零总结出自己的方法论，从而实现快速而系统化的输出。

3.1　快速学习
没有储备别着急，从小白到专家的成长路径

帮个人 IP 开发课程或者梳理产品体系的时候，我常常要在 3—5 天内了解一个全新的领域，快速找到这个人做 IP 内容的竞争优势，为其做好内容规划和营销设计。有许多人觉得这实在不可思议，但是之所以能做到这样高效，还得归功于我以前学会的一个方法——"框架学习法"，就是针对新的学习领域，先提纲挈领掌握这个领域的知识脉络或知识模块，列出这个领域的学习框架，然后针对框架下的每个模块具体细化学习。这个方法大大提高了我学习陌生领域知识的速度。

举个例子，几年以前，我想帮助个人 IP 提高售卖产品的转化率，所以需要学习销售相关的知识。这对我而言是一个陌生的领域,我第一时间不是去深入学习细节,也不是买书、买课、收集零散的资料,而是先搭建起这个领域的认知框架。

根据销售相关的要素，要想把产品卖出去，你需要掌握的模块有哪些？

·懂用户：你的目标用户有什么痛点和问题？什么能吸引他们？

·懂趋势：行业的发展趋势是怎样的？人们为什么有必要买你的产品？

·懂产品：你的产品和设计理念是什么，能帮用户达到什么效果？

·会销售：掌握销售方法，如何获客与成交？如何提高转介绍与复购率？

·销售话术：怎样形成比较成熟的销售话术？

这是我当时总结的销售入门必须掌握的学习框架，包含用户知识、行业趋势知识、产品知识、销售方法、销售话术这5个知识模块。确定好需要学习的知识模块，下一步才是去细化每个模块具体的技能点和步骤，开始针对性地学习。比如每个想要做好个人IP的人都需要掌握把自己的产品卖出去的能力，也就是上面的第四个模块"会销售"的技能，我根据以往经验列出了其中的知识和技能点，框架如下。

一、销售心态调整

（一）整体销售思路重构

1.从艰难获客到被动获客

2.从强硬推销到自动信任成交

3.从不懂沟通到轻松成交

4.从赚一次钱到赚多次钱

5.从卖货到打造个人 IP

（二）顶尖销售心法

1.心中有目标

·如何拆分季度、月、周、日目标，把目标落到实处

·为目标匹配和对应每天的行动

2.心态调整

·没有成交怎么办

·不敢销售怎么办，不敢报价怎么办

·开放的心态、主动、勇于开口

二、高效获客

（一）打造被动引流获客体系

1.打造自身微信人设

·设置好看的头像

·微信昵称跟产品相关

· 个人签名等信息填写

· 准备加好友赠礼包（对客户有帮助的专业相关资料等）

2. 提高黏性

· 积极活跃、为群友提供帮助

· 与群主搞好关系，争取分享机会

· 解答群友提出的专业问题，或者主动在群里通过调查等方法塑造自己在该领域的专业度

3. 发展渠道

· 寻找拥有目标客户人群的渠道或社群主，给他们推荐分成

4. 邀请专业人士来做线上分享，拉群获客

5. 经营一个自己的公众号或其他自媒体平台，引导粉丝加微信获取赠送资料

（二）高效主动获客

1. 公司线索电话邀约方法、策略、案例

2. 行业会议参会者名录

3. 多加同行群、行业活动群、与关系好的合作伙伴换群等

三、客户精细化管理（客户分级）

（一）客户分级体系

1. ABCD 级客户

2. 不同层级客户的特点

3. 如何对待不同层级客户

（二）如何判断客户层级

1. 如何通过私聊判断客户层级

2. 如何通过电话判断客户层级

四、客户信任（如何让客户快速信任你）

（一）个人 IP 素材

（二）如何跟进不同层级客户

1. 重点跟进：哪些需要重点跟进

· 提前为重点客户想好解决方案

· 提前为重点客户想好对标成功案例

· 完成客户背景调查（提前了解客户公司情况、运营模式、利润来源、团队规模、当前经营困难）

· 通过朋友圈了解客户性格及当前关注点

2. "养"一段时间：哪些客户需要养

· 朋友圈养客户

30% 个人思考、行业洞见、学习输出

30% 客户好评、客户业绩、公司服务细节

30% 个人真实生活、个人兴趣

10% 产品广告、成交文案

· 社群养客户

　解答客户问题

　晒客户成果、业绩

　晒行业成功案例

　晒成交订单

　晒服务细节

　分享公司活动及资料

五、高效促成交

（一）选择成交场景

1.线上微信成交

2.线下当面销售

3.会销活动成交

4.电话成交

5.根据自己优势与产品特点选择

（二）如何约客户进入成交场景

1.分享对应的成功案例，同时邀约见面或电话

2.提前铺垫沟通内容

（三）洞察客户需求

客户需求挖掘：如何问问题，才能聊出客户真实情况和痛点

（四）解决方案

1.记下客户提到的痛点和顾虑，为其匹配方案

2.中间提出一些成功案例，以及合作方式，为收费做铺垫

（五）客户顾虑解答及经典案例

（六）核心卖点提炼，以及塑造产品价值

（七）"临门一脚"成交

1.价格

2.赠品

3.优惠政策

4.限额

5.限时等

（八）销售素材积累篇

1.百问百答

2.公众号

3.音频

4.视频

5.新闻稿

6.客户好评

7.客户成功案例

8.短视频

9.成交截图

六、客户服务、自传播、转介绍

（一）如何做好服务增加复购率，增强客户的尊享感和获得感

帮助客户达到他真实的目标，比如真实目标是营收，那就帮他做营收；真实目标是获客，那就帮他获客

（二）如何做好转介绍：自传播体系及案例

这就是上述"会销售"模块需要掌握的知识技能。因为列出了各个模块的知识点框架，对整个领域就有了一个清晰的认知，后续再根据具体情况优化和迭代知识结构就可以了。

这个方法得益于以前在工商管理课程中接受的训练。我们常常要在 3—7 天内快速了解一个行业，撰写行业报告，研究清楚行业现状和未来的发展机遇，给出行动建议。时间很紧，信息又杂，把时间花在大量碎片化的信息上完全没有效果，所以后来我在实践中训练出了这种能力。

后来在一本神经科学的书里看到，大脑最大的信息处理数是 7 个，多于 7 个就会造成信息混乱，无法思考。有些人觉得接触新领域时，信息杂乱不好记忆，这是因为大脑里没有大框架，新的信息来了，不知道如何存储和组织信息，因此无法有效思考。

所以神经科学建议，在处理庞杂的信息时，尽量把它们压

缩、总结为 7 个以内的模块，这更有助于记忆和消化。这与框架学习法倡导的"提取框架以促进学习"的思路是不谋而合的。

那有的人说，邓老师你是实战过，所以才能在这么短的时间内写出一个新领域的框架。如果我对这个领域还没有深入的了解，又该怎么做呢？别着急，这里我来为你提供 3 个快速搭建认知框架的方法：

第一个方法是看一些相关图书，特别是其中的目录。找出这个领域相关的 10—20 本图书，每本书的目录一定会有能启发你的地方："咦？原来这个点也是需要学习的！"你只需要根据你的理解和学习需求摘取目录中的亮点模块，一般 10—20 本书下来，这个领域里需要学习和注意的内容，你就已经摘取了 50%。这可以作为你的初版认知框架。

第二个方法是看这个领域的课程。除了图书，这个领域的微课、线上体系课程、线下课程的大纲也是非常有启发性的，可以提醒你被遗漏的内容点，对你的初版认知框架有补充和优化作用。

从哪里能找到这些课程呢？有几个比较有效的方式：

线上各大课程平台，比如腾讯课堂、千聊、荔枝微课、喜马拉雅、爱奇艺、网易公开课等。

细分领域垂直类平台和培训公司，比如职场领域的有星辰教育、开课吧、唯库、行动教育等。

微信搜索栏，比如搜索销售课、销冠、销售冠军、成交等关键词，对搜索出来的文章、公众号、朋友圈相关内容都可以着重留意。

这个领域非常权威的导师的课程。

经过这一轮优化，你的知识框架的完整度和体系化可以进一步提高到60%。

第三个方法是自身痛点回顾和实战经验总结。你可以把自己代入新手用户的角色，思考自己在这个领域可能会遇到哪些问题，把它们补充到对应的模块去。如果你在这个领域已经有丰富的实战经验，也可以补充以前困扰过你的问题，你的问题大概率是有一定共性的。

我的课程"爆款线上课程开发实操"上线后颇受好评。"很有帮助""以前课程只能卖几百单，第一次做出销量上万单的课程""特别系统全面，细节都讲到了"，能得到这样的评价，还要归功于开发这门课程以前的充分准备。

我自己是从不会开发课程，到负责撰写一个平台的爆款课程开发SOP手册一路走过来的，该遇到的问题都遇到过。

得益于在平台工作时的经验，当时我看过不下2000位讲师的课程，清晰地知道用户最常犯的错误是什么，以及在哪些步骤容易产生盲区和难点。

在从前的对外分享结束后，我收到了上千位用户关于这个领域的问题和反馈。

正因为有上述积累，"爆款线上课程开发"这门课才能真正帮到用户，得到用户的好评，并且获得行业前辈、朋友的认可和推荐。

3.2 框架学习法
掌握 3 种框架，1 周快速了解一个领域

当你通过图书、课程或者经验总结出数百个知识点，为了方便理解和记忆，应该怎样把它们划分为不同的模块呢?

3.2.1 流程法

按照流程、步骤设计和排列内容知识点。

以销售为例，如果以"高效获客、客户分级、客户邀约、破冰、需求和痛点挖掘、提供解决方案、化解疑虑、成交"这种销售流程来罗列知识点，那就是流程法。

流程法

当然，以上只是以一个简单的流程粗略举例。大家在为自己归纳的过程中，步骤可能会更多。我之前在做爆款课程开发的标准化SOP梳理时，有22个精细化步骤。

3.2.2　空间法

罗列某个领域各个要素和组成模块，且各个模块是相对并列的关系。

比如，在房屋收纳中，按照玄关、客厅、卧室、厨房、卫生间、阳台等不同位置的收纳方法来划分模块，这些要素就是相对并列的关系。

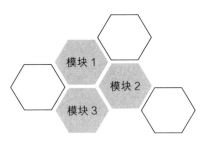

空间法

3.2.3　黄金逻辑法

黄金逻辑法是指把内容分为3个模块：What（是什么）、

Why（为什么）、How（怎么做）。

对于某些领域来说，你可能需要先弄明白是什么、为什么，然后再学会如何做，这样有助于你从底层逻辑的角度来把握全局。比如大家都在讨论的"私域运营"，我们可以先搞清楚私域运营是什么，为什么要做私域运营，它的底层逻辑是什么，然后再来仔细归纳应该怎么做，这样你对这个领域的认知就会更全面更客观。

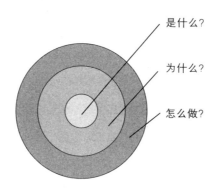

黄金逻辑法

所以，当我们罗列出了知识点，下一步就是根据流程法、空间法或者黄金逻辑法将知识点划分为不同的模块。同时，上面的这些逻辑是可以灵活组合嵌用的，可以根据内容选择2—3种同时使用。

在划分模块的数量上，5—7 个模块是比较适中的。模块在
3 个以上，内容才足够细分，方便学习；但划分得太多容易让
大脑感觉太复杂，学习起来比较吃力。

3.3　内容筹备
通过 3 个步骤深化输入，高效形成你的知识体系

3.3.1　大量输入是基础

想要成为一个领域的专家，前期一定要大量输入该领域相关专业知识。不论是通过看书、听课程、学习跨界资料、案例拆解，还是在实战中学习，都需要不断补足自己的知识空缺，把我们上面归纳出来的内容模块一一学习清楚，并做好对应的学习记录。下面是关于学习方式的建议。

通过看书来学习的时候，一定要选择有实战经验的作者的书，把握泛读和精读的尺度。比如我们前面搜索出来的 10—20 本相关领域的专业图书，里面也许有 2—5 本是需要精读的，但是绝大部分书是可以泛读的。

怎样分辨一本书值不值得精读，主要看 3 点：第一，这位

作者有没有这个领域的实战成绩；第二，书的目录所展示的内容是否是自己需要的，是偏实操类型的图书还是偏理论或汇编型的图书；第三，试看3—5个小节感兴趣的内容，查看书的内容是否有实操步骤，方法有没有足够的成果和案例支撑。

对于专业领域的内容，与其看百度搜索出来的文章去了解大概，不如去知网、维普等网站下载查看论文和会议报告，这个信息源的准确程度和丰富程度远超过大多数人的想象。

网络上的信息良莠不齐，很难判断真实程度，你以为很有道理的文章，很可能是作者用2个小时写好的营销爽文。论文和会议报告发表前都经过了审核，相对权威。

就我个人来说，不管做哪个领域的课程，都会搜索和参考论文，尤其是课程涉及专业领域的内容时。在这个过程一是可以验证这个专业领域的一些说法是否准确，二是能帮助我们与最前沿的研究成果接轨。

3.3.2　在项目中不断检验和优化

通过各种方式学习来建立自己的初步知识体系，然后就是在实践中去检验和优化这套知识体系。

怎样判断自己的知识体系是否成熟？关键是看你的知识体系能否帮助你解决实际问题，取得实践成果。可以帮助你取得实际成果的知识体系是相对成熟的，不能帮助你解决实际问题的知识体系显然需要调整。

没有形成自己的个人品牌打造方法论前，我每天工作到半夜才回家，常常为了个人品牌的打造和课程效果跟老师们争得面红耳赤。然而拼命努力换来的却是区区500单的销量，老师的个人品牌也没有太大提升，我当然也遭到了上司的点名批评。

后来我又花费近10万元学习和研究个人品牌的打造方法，深挖用户需求，总结他人的长处和方法，再继续实践，终于成功找到系统化打造老师个人品牌和产品的方法。创始人还点名我负责整个公司的课程制作标准化梳理和品控工作，我的工资也上涨了很多。

在自己赚到钱的同时，我当时独创的个人品牌打造方法和爆款课程开发法经过市场的多次验证，帮助20000多名老师打开了线上教学的新局面。

3.3.3　3个方法升华你的知识体系

有人说，我已经对初步的内容有数了，假如我已经过了初级学习期，该如何进一步提升自己的知识体系呢？这里给大家3个方法：

第一，为自己独创的体系取名字。

比如我这套打造个人品牌的方法论体系，我把它叫作"个人品牌盈利系统"。希望这套帮助你从零起步打造并变现个人品牌的方法论会对你有所帮助。

第二，相关学科教学设置与考权威证书。

假如你对一个领域的基本流程已经了解得差不多了，而这个领域有由权威机构颁发、国家认可的证书，你一定要深入学习，考到证书。

以财经内容为例，不知你有没有发现，现在不少平台都禁止非专业出身和没有相关证书（如CFA）的财经博主发表内容。因为这些人如果没有经过专业财经知识的系统学习，发表的内容可能非常容易误导大众。理财的底层逻辑是宏观经济学、微观经济学、统计学、财政学、金融学、数量分析、财务分析、权益投资、固定收益投资、衍生品投资、另类投资、投资组合管理等。在考证的过程中，这些都是需要学习的。

如果一个人只是通过看畅销书和听课程知道了基金、股票等概念，就断章取义去分享，正好又有人听信这个人的建议去做投资，也许不仅会带来非常巨大的损失，还会引起很多纠纷。所以国家规定某些专业方向，比如医学、理财等领域，都需要有相关证书才可以对外发布内容。

假如你研究的领域非常新，没有更多可深入的方向，你可以跨学科借鉴。比如课程开发就可以广泛借鉴教育科学、认知科学、学习科学等多学科的内容，强化自己对这个领域的认知。个人品牌打造的背后是对商业模式设计、营销体系、战略与定位，甚至人性的底层认知。

在跨学科学习的时候，我建议你多看一看这个专业领域里面讲底层逻辑的书，而不是单单看市面上的畅销书。

为什么呢？因为大众都喜欢拿来就能用的内容，所以市面上的书和课程一般多会写怎么做，却很少写为什么。如果你想要掌握学科的底层逻辑，加快学习和理解的速度，就需要到阐述基础学科和底层逻辑的书里去挖掘了。这种书读起来一般有些难度，很少有人认真去研究。

第三，支点：思考和解决用户的 1000 个问题是迈向专家的跳板。

经过上面几个阶段的学习，其实你已经走在"准专家"的路上了。如果你还想要再进一步，让自己的方法帮助更多人解决问题，那就请你好好收集并解决 1000 个用户的问题。

不管你是通过搜索引擎获取的问题还是用户主动向你咨询的问题，一定要把它们仔细记录下来。认真思考应该怎样帮助这些用户解决问题，给出你的指导意见和帮助，并跟踪用户的实战效果。这个步骤可以帮助你从"标准化期"向"专家期"过渡，是你后期做付费产品时最大的灵感来源。

我曾经给平台流水和粉丝排名前 300 位的个人品牌做过关

于线上运营的培训，并为他们提供了有针对性的建议。从定位不清、流量少、产品体系杂乱、转化差到没有渠道、运营太重等问题，我一一给出了建议。这个过程既帮助大家成功打造个人品牌并且变现，也让我延展了自己的方法论。

因为课程里的方法论对大家有帮助，所以在社群里，大家都非常认真地完成作业，按照课程内容仔细剖析自己存在的问题、制定后续的运营方案。

古人常说教学相长，这是真实存在的。

3.4 解决方案

为用户解决问题，你的知识和专业才有价值

到一定阶段后，你会发现你的用户需要的不仅仅是方法论，而是一整套解决方案，包括资源、平台、手把手地实际指导等。所以在学习过程中，与解决方案相关的资源、渠道、工具、上下游资源你都可以积累，以便将来为你的用户提供更全面的解决方案，而不是单独的方法论。

比如，对于想要打造个人品牌的人来说，除了方法论，我们还提供相关的解决方案。

第一，平台邀约合作机会：各大平台经常会让我们推荐承接直播、线上活动、线下分享、课程开发等项目的老师，我们会优先推荐我们课程的学员，帮助学员获得各大平台的背书和赚钱机会。

第二，短视频平台运营建议：抖音、快手、视频号、小红

书运营建议。

第三，500多个知识付费平台资源分享：生产出来的知识付费课程，我们可以帮忙推广上架到500多个知识付费平台，包括喜马拉雅、千聊、荔枝微课、爱奇艺等头部平台。

第四，课程生产服务：如果希望自己聚焦内容生产，不想过多参与课程的策划、营销、拍摄剪辑、包装推广等课程运营环节，我们可以提供课程生产服务。

第五，个人品牌宣发服务：我们的私域有500多个知识付费平台负责人和课程制作人，1000多家自媒体、头部公司，15000多个领域的优质讲师等，用我们的私域帮忙推广你的业务，不仅扩大曝光，还可以吸引高质量合作机会。

以上这些解决方案型资源不是一蹴而就的，而是在持续的经营中沉淀下来的。比如拥有500多个知识付费平台的合作资源，是因为我们从业时间久，和这些平台的从业者都在一个圈子里，创业之后在业务上也多有交集和合作。我们用自己的专业能力为合作伙伴提供合乎标准的内容，所以合作伙伴也愿意支持我们，帮助我们推爆了多个知识付费课程，形成了彼此非常好的合作关系。

解决方案型资源的积累要尽可能地深入。比如知识付费平台的合作，就不只是认识一个人那么简单。你要去了解每个渠道的用户画像，它们的推广合作模式，用户比较接受和偏好的内容，还有平台的合作标准、结算方式等。很多人开发了自己的知识付费课程后，想要在各大平台做课程推广，但是最后失败了，这是为什么呢？主要是因为他们不了解平台合作的标准，课程不符合平台的要求。

积累的上下游资源最好你能像我们这样"跑通""跑顺"，有成功案例就更好。因为"积累资源"和"跑通资源"之间还是有很大的鸿沟的。比如一些人已经在和平台合作了，但是课程销量很差，只有几十单，这显然就是没有跑通。这中间出了什么问题呢？可能是因为课程转化率低、没有争取到更多的资源位，或者不懂平台的运营推广机制等。

我们就是从平台出来创业的，对他们的需求比较了解。平台最看重两项指标：一是转化率，二是课程的质量。你的课程必须和其他课程竞争，才能获得大流量的扶持。

为了保证转化率和用户口碑，平台一般会先用小流量的资源位做测试，把某课程的推文跳转、详情页转化等各项数据记录下来，同时观察用户评价，如果该课程的整体表现在同一批课程中较好，才会为其进行下一轮的推广；如果最后几轮测试下来，你的课程都能名列前茅，平台就会用最大的资源位来帮助你做推广。

我们合作推广的课程，好选题的详情页转化率能达到40%以上，也就是在100个通过推文进入课程详情页的人当中，至少有 40 人会购买。怎么在和这样的专业团队竞争中胜出呢?很多老师会主动找我们学习和合作。

从现在开始,针对你的用户探索和完善你的解决方案吧!先将资源、工具和行业上下游资源先跑通,这将对你的个人品牌有莫大的助益!

3.5 落地工具
帮助你高效学习的 3 个工具

工欲善其事，必先利其器。好用的工具可以让工作事半功倍。下面给你分享几款我一直在使用的落地工具。

一、思维导图：整理框架的神器

思维导图是高效的思维模式图，是应用于记忆、学习、思

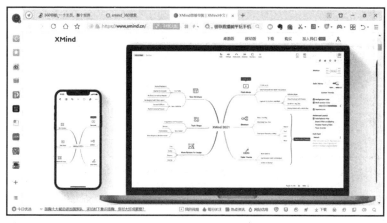

XMind

考等的思维"地图",有利于人脑的扩散思维的展开。常用的软件有 XMind、百度脑图、MindManager 等。

二、笔记梳理软件

学习的过程中要消化大量文档信息,如何进行笔记整理是一个大问题。

(一)命名文件夹。文档的整理,建议使用命名文件夹

首先将各种各样的文档按照主题命名好,然后参考之前整理的学习框架分门别类建好文件夹,将文件放进不同的文件夹里。以这种方式做整理,非常有助于后续文件的查找和搜索。

命名文件夹

（二）具体的文档整理可使用印象笔记、石墨文档等

我个人比较常用的是印象笔记，主要是看中以下3个优点：

第一，方便不同端口信息的收集。平常在微信或网页看到好的内容，很多人会点击收藏，但是收藏的内容散乱在微信、浏览器等不同端口，没办法集中在一个地方，所以很多人点击收藏后就再也没有打开过了；而印象笔记可以与微信、浏览器等多个端口绑定，所有微信链接、网页、图片、PDF、文档、Excel、声音、视频等信息都可以收藏在印象笔记中。

第二，强大的信息整理能力。印象笔记可以使用笔记本和空间的功能将所有信息分类整理，方便用户定期学习。同时可以构建团队共享笔记本，将某些对团队有帮助的笔记本组共享，建立团队信息共享地。

第三，强大的信息搜索能力。印象笔记是全文搜索而不是标题搜索，图片中的文字和附件中的信息也可以被检索到，所以信息搜索调用能力非常强。

三、数据库

你有没有遇到过这样的情况？买了一堆图书，浏览后发现有用的书只有几本，浪费了很多钱；或者想要找质量高一些的文章，但是发现这部分都被收录在需要付费下载的网站；想要搜索一些电子书来看，但是搜到的电子书质量良莠不齐，阅读

体验也不好。

是时候尝试一个特别强大的工具了！那就是数据库。

比如超星电子书图书数据库，它包含了上百万种中文电子图书，是国内最好的中文电子图书网站之一，收录的内容涉及计算机、政治、经济、教育、文学、艺术、数学、工业技术、生物学、医学等 20 多个大类。很多你想要找的书都可以在这里找到电子版，并且有在线阅读全文和下载全文两种阅读方式，还支持打印，只需要几分钟时间就可以阅读到自己感兴趣的电子版图书。所以你可以先在线浏览电子书的内容，觉得好再购买纸质书。

除了图书类数据库，还有宏观经济数据、期刊、论文、音视频多媒体、课程（创业、职业教育等各种细分市场）等多种类型的数据库，只要你善于使用这些数据库资源，可以大大提升你学习的速度。

有的人说，数据库这么好，收费是不是很贵？确实很贵，数据库一般面向单位而非个人销售，采购一个数据库少则几万元，多则几十万、上百万元的服务费，个人很难承担。那既然我们很难购买这项服务，为什么还在这里给大家分享数据库资源呢？因为有一个不花钱也可以使用这些数据库的方法！绝大部分人都不知道。

这里要先感谢国家的公共服务。其实各个省的图书馆都会采购多种数据库资源，只要你在当地图书馆办理一张图书馆的借书卡，就可以登录图书馆的网站使用各类数据库资源，这个路径几乎对所有人都是免费的。

比如登录广州图书馆后，点击"资源"按钮就可以进入电子数据库资源页面，免费使用该图书馆的数据库。

广州图书馆主页

广州数字图书馆主页

同样地，不管你在北京、上海、重庆还是哪座城市，你都可以登录当地的图书馆官网，寻找线上数据库资源。

中国国家图书馆主页

杭州图书馆主页

重庆图书馆主页

除了超星图书数据库，还有哪些值得推荐的数据库资源？这里再分享 2 个我常用的数据库：

　　第一个是读秀学术搜索。

　　读秀学术搜索涵盖了由海量图书、期刊、报纸、论文等文献资源组成的庞大知识系统，可以对文献资源及全文内容进行深度检索，并且提供原文传送服务。读秀收录了 580 万中文图书题录信息，320 万种中文图书原文，可搜索的信息量超过 16 亿页。

读秀网主页

　　第二个是知网。

　　知网主要面向企业、经济界和科技工作者，是涵盖科技、经济、文化、教育等的综合性信息服务系统，提供中国学术文献、外文文献、学位论文、报纸、会议、年鉴、工具书等各类资源统一检索、统一导航、在线阅读和下载服务。知网下属的数据库较多，不仅有剑桥大学、牛津大学等世界顶级大学的数据库，还有美国、韩国、法国等国数据库资源。

总的来说，数据库中的信息大多来源于正式出版物，并且进行了深度加工和整合，与网上那些未经筛选、真伪难辨且无序的信息有本质区别，非常推荐大家使用。

学习和积累的过程是漫长的，有的人说，那是不是要等成为这个领域的专家后，才开始打造个人品牌呢？不是，不管你处于学习的哪一个阶段，都可以开始打造个人品牌积累影响力了，等到方法论成熟后就可以开始变现。那怎么去积累自身影响力和变现呢？下一步将带你实操，启动变现。

IP 创富篇

快速启动，自动收钱系统打造

4.1 零基础启动
建立朋友圈—咨询—社群自动成交系统

4.1.1 转化先行：先做私域，再做公域

做好了定位和内容储备，小米就开始写公众号、做直播分享、拍短视频发抖音，希望从公域引流。我以前也是这么做的。为了提升分享效果，甚至会提前一周至两周准备分享的干货。后来确实很多人加了微信，但是互相打了招呼以后就没有后续了，从此躺在微信好友列表里。

你是不是也遇到过这样的问题呢？后来，系统地跑通了多个个人品牌后，我们发现先做好私域的转化变现再去做公域的引流，这样容易成功。为什么呢？

第一，私域的引流变现模式没有跑通，哪怕用了很多努力从公域引流到私域，也是无法成功转化的。你的碗没有准备好，

有再多公域的水流流到你这里，你也盛不住。私域营销系统就是你的碗，碗端好了，每一滴水都不会被浪费。

第二，无论你的朋友圈有多少人，你一定能从中找到前 3 名的种子客户。从我开始打造个人品牌，我前 3 位付费的合作伙伴都来自我的私域。有很多人急着去做公域引流，其实是因为对自己现有的用户是否可以付费转化没有信心。人一旦没有信心，就生出恐惧，恐惧的时候就想要握住更多东西、获取更多客户。就像救助溺水者一样。

帮助这类人是需要技巧的。因为他处于极度恐惧的状态，不管是什么，他都想要紧紧抓住并往下按。所以，当你恐惧和害怕没有转化的时候，你就会下意识想要抓住更多用户，并相信用户多一些一定会有转化。

有一个方法可以让你瞬间对自己有信心——每当你有焦虑和不确定的感觉时，回过头来想想你的初心。你为什么要打造个人品牌？你能为用户提供什么价值，这些价值能给他们创造多大的收益？当你想明白了这 3 个问题，就知道了自己的位置和价值。如果你能为你的用户创造数千元、数万元的收益，那么你收取他几百元的费用不是很合理的吗？

如果你能为你的客户创造数十万元甚至百万元以上的收益，你就有底气向用户拿到更多属于你自己的报酬。

所以，你的私域里一定有适合成为种子用户的人，比如：

·他正因为曾经困扰你的问题苦恼万分，但是你已经通过学习和实战找到了成熟的方法，你知道你可以帮助他

·他是刚刚入行的、非常迷茫的新人，你知道他该如何做才能快速成长

·有的人陷入了发展的瓶颈，你知道他是欠缺了某种能力，比如营销、销售、学习、职场沟通技巧等，你可以给他帮助

如果给每个人的专业度打分，0是新手，100分是专家。只要你能获得60分，就可以给0—59分的人分享自己成长的经验和方法；只要你能前进到80分，你就能总结出自己的方法论，帮助还没有达到80分的用户更快成长，这些都是非常有价值的。

不要以为每个人都适合100分的专家。有时候，探索和实战阶段的经验反而更有帮助，更贴近用户的实际情况。这就像爬楼梯一样，100分的专家给出的楼梯适合有80分基础的人，但是对40分基础的人根本不适用。所以，不管你现在是多少分，你都能给别人带来价值，只要你对自己的价值有足够的信心。

第三，跑通私域后成交速度更快，正反馈会给你个人品牌打造更大的信心和动力。

当你的朋友因为你的帮助改善了生活和工作，向你表达感谢并发给你一个红包的时候；当你的用户催促你赶紧给他们开

发一套体系化课程、推出更多产品的时候；当你一星期内收到多个好友申请，聊过之后发现都是你的用户介绍来的朋友们时，你会不会觉得对打造个人品牌这件事更有信心和动力？

不要小看这些正反馈，它们不仅可以让你对自己更有信心，如果被分享到朋友圈之后，还会让从公域来的用户对你更有信心和好感，这是件一举多得的事情。

4.1.2　颠覆认知：从推销到自动成交

那么我们应该怎么做私域成交呢？有人也许会说，不就是要趁用户还没有冷掉，赶紧把产品和收费信息发给用户，催促用户尽快成交吗？你有没有拉黑过总是发给你各种产品信息的微商、中介、销售呢？这种方式显然是没有效果的。

私域营销的核心在于通过私域的运营方式，比如朋友圈运营、赠送资料设计、个人微信运营等积累信任和展示价值，从而让用户被你的价值吸引，自动成交。

从用户转化的平均情况来看，在推广的过程当中，3%的目标用户有很强的购买动机，可以马上达成交易；7%的用户有心动和购买意愿，但是不会马上下单；30%对你的产品有兴趣，但是还需要更多了解和考察；剩下的用户里，30%的人对你的产品感兴趣，但是不会立即购买，还有最后30%的人，他们对你的产品不感兴趣，哪怕免费也不想要。

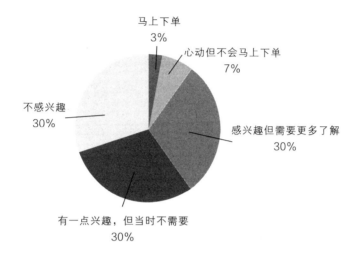

马上下单
3%

心动但不会马上下单
7%

不感兴趣
30%

感兴趣但需要更多了解
30%

有一点兴趣，但当时不需要
30%

成交用户占比图

如果你这时候直接推销产品，最好的情况是可以成交 3%
的用户，但是强烈的销售动作会让你损失 97% 的剩余客户。相
反，如果你采用私域营销系统，通过积累信任和展示价值，你
可以收获至少 40% 的用户，除了那 3% 对你的产品特别感兴趣
愿意马上购买的用户，还有 7% 的心动用户，以及 30% 对你产
品感兴趣，但是需要更多时间了解和考察的用户。

那么私域营销系统是怎样产生效果的？想象你是一位刚生
完二孩的妈妈，家里开支大，就靠着孩子爸爸一个人的收入。
你想要重返职场，又因为要照顾小孩根本走不开，而且离开职场太久了，已经不知道自己的竞争力在哪里。这个时候你是不是特别迷茫和焦虑，不知道自己该怎么办呢？

这时候，如果你在朋友圈看到了一位二胎宝妈关于如何重返职场的感言，你会不会好奇地看完呢？这位宝妈在朋友圈里分享了自己的故事：她原是一家公司的管理层，因为怀孕被架空离职，生完孩子后经历了一段漫长的迷茫期。后来，她注意到越来越多的人开始在微信上学习和买东西，看到了私域运营的巨大市场，于是趁自己带孩子这一年自学了私域运营，免费帮助多个项目承接社群运营。现在她已经可以通过私域运营的个人品牌单月变现超过 3 万，用了一年半时间就完成了逆袭。

你对这个人有了深刻的印象，于是翻看了她其他的朋友圈，发现她真的通过在私域运营社群里推荐亲子旅游、文具、图书的团购获得了收入。这个人太了解妈妈群体了，这些都是比较刚需的产品，自己平常也都要买。而且她边做私域运营边学习育儿和家庭教育知识，常常把自己学习到的方法分享在朋友圈里，有时还会在社群里做分享和讨论会，帮助她的用户解决孩子在成长过程中遇到的各种问题。她的朋友圈里有许多用户的好评和感谢，偶尔她也会晒一晒自己和孩子的户外活动，为孩子做的早餐……这些信息让你对这位做私域运营的宝妈有了更进一步的信任。

这一个月以来，她持续地运营着社群，你时不时会看到她的朋友圈动态，还趁一个优惠活动期购买了一款她推荐的学习台灯。台灯的质量和购买体验都非常好，这个人还单独给你发了一些孩子健康用眼的注意事项。得知你的孩子坐姿不正后，她还给你推荐了几个矫正坐姿的权威视频。于是，你顺带购买了她精心筛选的一款学习桌。你觉得这个人非常靠谱，而且认真暖心。第二个月，她推出了一个宝妈社群运营变现课，只收399元，教和她一样的宝妈通过社群变现，你毫不犹豫地报名了。

你注意到了吗，这位做私域运营的妈妈从头到尾都没有向你推销她的产品或者课程，但你就是在无意间注意到了她，并且开始信任、选择她。更难得的是，整个过程中你非但不讨厌她，甚至真心地感谢并尊重她，觉得她非常暖心、专业、乐于助人，能够给你实实在在的帮助。

这就是搭建私域营销系统的过程。如果你是用户，一个是不断向你推销产品的销售，一个是乐于助人、专业的顾问，你会选择谁？答案不言而喻。

下面就请跟着我一起搭建您的私域营销系统吧！从现在开始调整你的销售思路。当用户主动你付费并向你表达感谢的时候，你会觉得当前的新尝试非常值得！

那我们到底要怎样构建自己的私域营销系统呢？

最关键的就是两个步骤：一是进行朋友圈准客户培养；二是通过诱饵策略与客户成交。

4.2　客户捕获

边学习边持续输出价值流，培养精准客户

没有人会拒绝能给自己持续带来价值的人。培养客户的过程就像种庄稼，只要你不断地施肥、浇水，时机一到总会结出甘甜的果实。我们输出的专业知识、成功案例、用户的感谢、行业的一线信息……都是我们的肥料。我们的真实生活、爱好和分享就是庄稼成长必要的水源。每天对外发布朋友圈，其实就是在浇灌你的庄稼。

有人说，我还是不知道怎样运营有价值的朋友圈。朋友圈要怎么发，哪些信息可以对外公布？那么我给你列了朋友圈运营的基础资料设置，以及26条准客户培养的内容清单，你可以保存下来作为参考，以后发朋友圈就不怕没有素材了！

4.2.1　朋友圈基础资料设置：让人知道你是做什么的

有的个人品牌朋友圈设置了仅 3 天可见，或者别人一点进去就是一条横线，这完全阻断了别人了解你的机会。还有些人的朋友圈里什么信息都有，各个行业的转发链接、随意拍摄的各种美食、风景照片等，完全看不出你的业务是什么。而有的人因为不懂运营，从朋友圈的封面、个性签名和昵称都看不出你在做什么，于是用户认为你只是一个很普通的人。你们原本有可以合作的机会，但是因为你没有展示出自己的专长，丧失掉了很多机会。

要想构建自己的私域营销系统，第一步就是要学会设置朋友圈的基础材料四件套，打造好自己的人设，也就是你的昵称、头像、个性签名和封面。

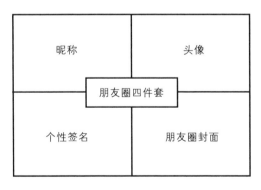

朋友圈基础资料四件套导图

一、昵称

微信昵称要遵循的三原则是：简单好记、有辨识度、跟专业方向相关。

简单好记就是要足够简单，读起来顺口，而且容易搜索到。

有辨识度，不要很常见的昵称。此外，假如你的名字已经被头部的个人品牌 IP 占据了，那就不要重名了。一般可以直接用我们自己的名字或者化名来做出差异化。

跟专业相关就是可以在昵称里带一个你的专业方向，比如"私域肖厂长""IP 变现邓成婷"。

二、头像

头像尽量用真人。可以去专业的形象照线下店拍摄一组你喜欢的正式形象照。如果你不喜欢这些工作室提供的统一服装，可以带自己喜欢的衣服。请记得，用于头像的形象照不需要特别正式和职业化，穿着西装正襟危坐，很容易让人觉得是做销售的，所以在服装和动作上可以有一点自己的特色。

头像的背景色尽量选择亮色的，不要用灰暗的颜色，这会有种压抑和拒人于千里之外的感觉。

如果想要选用自己生活照作为头像，那么尽量不要选择背景或颜色繁杂的图片、多人出现的照片、黑白照片，也不要选择山水、宠物、花草等作为头像，这几类图片给人的职业感也许不够强。

三、个性签名

简明扼要，一句话介绍你是谁，有什么业务或资源。

以往我们常常用 QQ 签名和微信签名来表达自己的心情，标榜自己的个性，后来参加工作或创业后，很多人的签名依然非常个性化、诗意化。其实只要你开始打造个人品牌，签名最重要的一点就是要让人看清楚你是做什么的。你的个性、认知等，可以用朋友圈中的事例和各种分享来展示，就不必用第一眼就能看见的个性签名来彰显自己的性格和认知了。

四、朋友圈封面

朋友圈封面可以选择自己喜欢的背景色或者公司的品牌色为底色，加上自己的照片，用简单文字说明你是谁，你的业务是什么。文字尽量控制在 20—50 个字。如果自己不会做，可以请设计师帮忙设计一张封面图。封面图中的文字可以用不同的大小区别开来，突出重点。

4.2.2 学习类朋友圈：边学习边输出

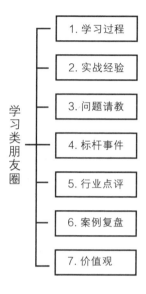

学习类朋友圈导图

一、学习过程

你学习过程中的电子笔记、纸质笔记、思维导图、便签、学习时长、作业、学习场景等，都可以作为对外展示的朋友圈素材。

有些人觉得自己好像不算专业，对外分享自己的学习会不会显得不够谦虚？其实你分享的目的只是为了让你的微信好友知道你最近在努力研究这个领域，给他们的认知打上标签。虽然每个人都有学习能力，但人的精力是有限的，并不是每个人都要像你一样花这么多时间来学习研究。术业有专攻，当别人知道你在自己的领域有积累的时候，他们需要帮助就会来找你了。

二、实战经验

开始实战后，你一定会遇到很多之前从未想过的问题。这时候不要随便对付过去，因为你遇到的问题其他人大概率也会遇到。不要放过任何一个小问题，把你的解决思路和方法用一两百字总结下来。想一想，如果你是刚开始学习这个领域的用户，你是不是非常愿意围观并给这样的高质量朋友圈内容点赞？

三、问题请教

当你学到一定程度，可能会有人来向你讨教。我建议你耐心地、设身处地倾听和解决他们的疑问。如果你也不懂，那就去学习和请教。假如他们的问题是缺乏资源造成的，那么你有空的时候可以和他们对接问题并提供帮助。然后，你就可以把一些对别人也有价值的部分分享在朋友圈，慢慢就会有越来越多人来找你寻求帮助，你的专业形象也逐渐树立起来了。

四、标杆事件

一年至少策划一次标杆性事件，机遇到来的时候，一定要勇敢抓住机会。我的前公司曾让我负责编写课程研发手册，因为还有日常工作要做，我只能利用早上和晚上时间来总结和梳理。我每天早上6点半起床，早早地来到办公室，坚持了一个多月，终于写好了手册的初稿，共3.5万字。后来因为这个版本的内容和步骤太过详细，不方便对外，所以又用了20天时间重写了一个对外版本，共2.5万字。

我当时的工作很繁重，手册的撰写更是让我感到疲惫，甚至想过要不随便写写算了。但是一想到其他人拿到这本手册，看到里面都是废话，就感到问心有愧。而且如果别人看完之后，评价这本手册不怎么样，会让我感到更难过，因为这表明阅读我写的手册对读者的时间是一种浪费。所以，我又咬咬牙，坚持认真书写，虽然写得慢一点，但是内容一定要总结到位。

直到今天我依然是以这样的态度写作。佛家常说妄言是损自己德行的。要争取你说的每一句话对别人都是有帮助的。所以后来这本手册让我收获了非常多认可我的朋友，我也因此获得了许多合作机会。

五、行业点评

你在专业领域里一定会遇到一些政策变动和突发事件，你是怎样看待和解读这些信息的？如果你有自己的洞见，我想大家一定愿意看到你把它们分享出来。一位上司曾告诉我，建议职场新人多加行业前辈的微信。我表示加了微信会有些尴尬，都不知道该聊什么。他说当自己跟行业前辈还不能同频的时候，可以不聊天，只要围观他的朋友圈，信息量就非常大了。所以，当你的潜在用户因为行业的变动和突发事件迷茫的时候，如果你能给出清晰的指引，那无疑是非常加分的。

六、案例复盘

你的朋友中有没有从零开始做某个领域并取得好成绩的？你认识的前辈有没有什么特别好的经验？你的亲戚朋友中，有谁因为做了什么事或者没有做什么事导致失败的？这些采访和真实案例复盘是非常宝贵的资源，如果你可以在朋友圈多分享，那么大家都会觉得你很开放、包容、专业，非常愿意与你进行更进一步交流。

七、价值观

你为什么专注于现在的领域？你认为什么样的产品才是好产品？在利益冲突面前，你会做什么样的判断和选择？积极展示自己的价值观，更有利于大家认识你，找到同频的人。

4.2.3 用户类朋友圈：用户的感谢与信任截图

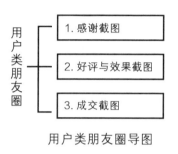

用户类朋友圈导图

一、感谢截图

不管你是帮助用户解答问题、提建议、对接资源，还是对外展示用户对你的感谢截图，这些对你都是有好处的。有类似的问题时，大家都会想到你。打造个人品牌一定是广结善缘，每天做一些对别人有帮助的事情。

二、好评与效果截图

用户的好评截图、效果截图就是最有说服力的金字招牌，可以快速建立与他人的信任。特别是用户体验了你的产品或服务，一对一或者在社群里表达了关于产品体验的看法，产品对个人成长和业务的帮助等，一定要在第一时间截图保存。

你想想，如果你是一个想要学习演讲的人，遇到一位个人IP 经营者。他不断地在朋友圈里晒哪些人跟着他拿下了哪些重要场合，赚了多少钱，获得了什么样的改变，你会不会也想着要跟这位演讲导师付费学习，快速改变，获得回报？

三、成交截图

用户的付款截图也是强大的工具。用户心里会想：这么多人都特别信任你，选择购买你的产品和服务，说明你在这个领域还是很专业的，要不我也尝试购买一下你的产品？

4.2.4　产品类朋友圈：产品细节与交付过程

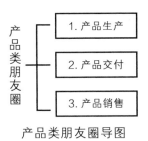

产品类朋友圈导图

一、产品生产

为了生产这个产品，你付出了多少努力、历经了多少步骤、用了多长时间打磨呢？为了给用户更好的效果和体验，你做了哪些和别人不一样的尝试？你的产品邀请了多少人参加内部测试，迭代了多少个版本，汇集了多少位用户的需求？这些与产品生产和打磨的相关细节，可以衬托和说明产品的质量，增加吸引力。所以从你开始构思这个产品，就可以通过朋友圈和社群与你的潜在用户进行互动了，将产品生产的过程对外展示，进行同步预热。

二、产品交付

产品交付、服务交付的过程可以部分地对外展示，比如电商发货场景、线下课程的场地照片、活动现场照片等，这些可以帮助还未购买的人更进一步了解你们的产品和服务的细节，强化对产品的信任度。

三、产品销售

除了产品的间接推广，偶尔可以直接推荐你的产品，可以参考的一种方式是：

（一）先提出你是不是有这个问题或痛点，以及这些问题或痛点造成了什么后果。

（二）说出为了解决这个问题，你推出了什么产品。

（三）解释你为什么要这样设计你的产品，它有什么特点和卖点，能给用户带来什么样的好处。

（四）最后带上报名方式，比如微信私聊、付定金或者直接点击链接购买等。

4.2.5　资讯类朋友圈：行业一线的信息

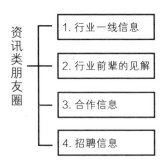

资讯类朋友圈导图

一、行业一线信息

不管你专注于哪个专业领域，一定会有一线的行业政策信息、资讯信息。我们可以把对用户有帮助的高质量信息分享出去。以前我刚入行线上领域的时候，就特别关注行业前辈们在朋友圈分享的链接。看完文章后，如果觉得有帮助，我还会关注这个公众号，学习其他文章。所以，积极地分享高质量信息，可以帮助你强化你和用户之间的信任感。

二、行业前辈的见解

你也可以偶尔向你的潜在用户分享这个专业领域的前辈们的见解。有些人可能会担心这样做会不会让用户都去找前辈，而不愿意购买我的产品和服务。其实并不会。这样做不会让你有太大损失，前辈的见解对你而言起到的更多是加持作用，放心分享就可以，但是请一定要标明出处，务必尊重知识产权。

三、合作信息

我有时会分享平台对个人品牌的合作需求，遇到好的项目也会帮忙宣传并寻找合作方，这些都是为用户创造价值的行为。

四、招聘信息

招聘、求职、项目外包与兼职需求是很常见的，我们可以多分享，帮助链接。

4.2.6 生活类朋友圈：多分享自己积极的状态

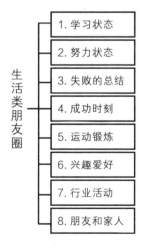

生活类朋友圈导图

一、学习状态

人们都喜欢正能量、向上的人生态度。你付费学习了哪些课程，每个月读多少本书？这些都可以分享。

书中的某个观点、生活中的小事、故事，是否会让你生出感悟？把这些内容记录下来，说明你是怎么想的、怎么做的，然后总结说明道理。比起直接说大道理，先分享一些真实的故事、事件、书中的某个观点等，会让人更好接受。

二、努力状态

你有没有凌晨 4 点才从公司回家的经历？你有早起跑步的习惯吗？你会在项目遇到困难的时候，再坚持一把吗？

多在朋友圈展示自己做了什么工作，做得多么细致，最后做出了什么成绩。这些分享会让人直观地认识到你是一个努力工作，同时热爱工作的人。当大家觉得你是一个非常努力认真、专业细致、有耐心的人，才会认为你靠谱，并愿意更进一步地信任你。

努力不一定成功，但是不努力一定不会成功。知道这个道理的人很多，但能坚持自律、持续努力的人不到 50%，所以只要你努力坚持了，你就能找到跟你同频的人，同时还可以帮助另外 50% 的人成长。

三、失败的总结

失败是你打造个人品牌的一大助力。成功的案例不一定能复制，但是导致失败的误区是绝对可以避免的。所以从某种程度上说，总结失败的教训对我们来说更有价值。

在我的经验还不成熟的时候，曾经历多次个人品牌打造和变现项目的失败。之后，我总结了导致失败最重要的几个原因，做了一次分享。这次分享过后，很多老师表示自己学到了很多，可以引以为鉴。

第一，50% 的人不成功，是因为一直在计划，从未有行动。最开始，我担心是不是给他们的指导没有到位，或者是因为他们思路不清晰，后来我发现其实是因为他们有行动力缺失的问题。所以只要你开始行动，你就已经战胜了 50% 以上的人。现在我招收新的学员也好，合作伙伴也好，都会着重看一下对方的行动力。

第二，不愿意学习、无法适应线上的形式，这部分人占比 20%。其实做线上个人品牌跟线下是一样的。线下有线下的运营方式和关键要素，比如线下开饭店，选址就非常重要，你要学习一整套线下选址、门店运营、仓储管理等模块的方法。而线上你也需要学习适合线上的推广引流、用户运营、产品打造和运营变现的方法。

剩下的 30% 就是能有最终成绩的那一部分。不管是变现几千、几万元，还是上百万、上千万元，只要你没有犯前面两个的错误，你就能有成绩。至于成绩的大小，这和你的方法是否得当相关。同样是努力，方向选对了就是事半功倍，方向错了就是事倍功半。

四、成功时刻

其实做成任何事情都是不容易的。千聊课程研发手册发布的时候，大家都在庆祝，我也发了一条朋友圈。这种阶段性胜利最能在大家心目中奠定你的专业性形象。

再如获得行业奖项、受邀参加行业大型活动的时候，也都是自己的高光时刻，你可以大胆地晒出来。

新榜学院、小鹅通商家学院特邀导师

《千聊课程研发手册》负责人

五、运动锻炼

你喜欢锻炼身体吗？我相信很多人都知道锻炼的重要性，但是很难坚持。对于个人品牌打造来说，坚持锻炼是靠谱的一种表现。很多事情是挑战自律性的，别人无法坚持锻炼，但你做到了，别人做不到短视频每日更新，但是你做到了，这个过程就是一种修炼。要想把事情做成，就要自律，要坚持日复一日做枯燥的事情，绝不轻易放弃。坚持锻炼可以为你树立更好的形象，而且打造个人品牌非一日之功，好的身体状态是一切奋斗的基础。

六、兴趣爱好

你有自己的爱好吗？比如摄影、登山、跑步、读书等，也请在朋友圈中分享，大胆向大家展示最真实的你。

七、行业活动

你受邀参加的活动，侧面反映了主办方和行业对你的认可。你也可以秉着互惠共赢的态度在朋友圈帮忙转发一下活动消息，也为主办方做一下宣传和推广。

八、朋友和家人

与朋友和家人间有哪些有趣或值得记录的瞬间吗？一起喝茶、一起在家煮饭，选一些温暖、有趣、真实的瞬间与大家分享吧！

4.2.7　团队类朋友圈：多分享公司和团队的积极状态

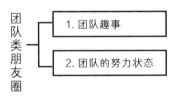

团队类朋友圈

一、团队趣事

团队内部讨论分工的时候，为目标奋斗的时候、男生帮助女生抬东西的时候、吐槽男女比例的时候……你的团队里有没有可以分享的趣事？

我们不仅每天努力工作，而且真诚地觉得工作非常有意思。大家会因为这方面的信息知道你非常热爱自己的工作，你的团队成员也会充满热情，认为可以放心地把自己的职业规划交到你手里。

二、团队的努力状态

为了帮助客户成长，你们加班到半夜；为了提升团队水平，耗资数万元送团队成员去学习和培训；每周一次的复盘会，不断总结精细化运营的方法……团队的这些努力，请尽量让你的用户们看见。

培养客户信任的过程其实也是一个造势的过程。坚持一个月，你的个人品牌影响力会在你的私域中被成倍放大，一定会有人主动来问你的近况，或者向你寻求帮助。

还有一点需要非常注意，一定要在大家面前做真实的自己，不要去伪造朋友圈素材，也不要刻意改变自己，营造一个虚假形象。因为个人品牌的真谛就是做自己，用真实的自己去交朋友。假如你一直在大家面前扮演一个不真实的自己，每天都在演戏，不仅很容易穿帮，而且你很快都会讨厌这种感觉，不想再谈什么个人品牌了。

4.3 运营策略与客户成交
让用户主动付费

价值到位了，收费就是一件顺理成章的事情。很多个人品牌认为第一次收费很困难。如果你也觉得困难，一定是因为你的底子还没有打好。当你有成功案例展示在朋友圈和社群，当你有自己的方法，你的客户很大概率是主动来找你付费的。

你若盛开，蝴蝶自来。请专注于自我价值的修炼，不用太看重朋友圈没人给我点赞怎么办，我在群里说话没人回应怎么办。一次两次的互动不重要，只要你坚持下去，慢慢就会有人回应。

我创业以后，一位私房课学员来报名。她表示自己3年前就听过我的分享，觉得这个年轻人很认真、很专业，后面还在我的朋友圈听过我在其他平台的分享，觉得内容非常有启发，所以这次我们推出知识合伙人，她毫不犹豫地购买了。但是说出来你也许不信，在这3年的时间，她从来没有给我的朋友圈点过赞。

一分耕耘一分收获，心态放平即可。那么有没有什么方法可以帮助我们提高效率？这里给大家分享两个特别有效的方法。

4.3.1　打造免费学习社群

张老师刚开始做公众号的时候，粉丝不到 300 人，几乎算是从零开始。到目前为止，他的公众号粉丝已达到 23000 人，两年累积变现 80 多万元。

这个成绩也许不算太好，但是对于一个零基础的老师来说，已经足以让他在知识付费行业站稳脚了。那他到底做了哪些事情，才在这大浪淘沙中生存下来？

从零开始的个人品牌前期肯定会遇到一个最大的问题——用户从哪里来？

因为张老师有内容输出能力，而且特别擅长直播分享，所以我建议他在做朋友圈运营的同时，可以做几期直播分享。

张老师第一次开直播的时候，讲的是免费课程，从朋友圈东拉西凑来了 100 多人。人数虽然非常少，但是张老师表示这次分享给了他非常大的信心：第一次就能来 100 人，以后会有越来越多的人来听的。后来，张老师又讲了几次免费课，每次都会有铁杆用户邀请朋友进群一起学习。第二个月，社群的种子用户差不多有 500 人了，而且社群内的互动非常活跃。还有的用户说"特别期待张老师的付费课程""张老师的内容太有'干货'了，比以前听过的付费课程还好"等。

张老师说不着急做付费课程，他还需要继续打磨自己的内容，等到内容成熟后再说。到第二个月底的时候，他终于打磨好了付费产品。于是，他向社群里的粉丝表示，自己这两个月一直是免费为大家讲课，但是因为讲课需要投入很多精力，备一堂课常常要一周多的时间，而且还要兼顾本职工作。为了能让讲课这件事持续下去，他需要得到一定回报，所以想要收费。这个决定得到了粉丝的一致支持。

第一次收费课定价是 10 元钱，结果来了 200 人报名。这个效果让他喜出望外。觉得这个模式完全是可行的。

后来，张老师慢慢开始做更多付费的系列课，从 10 元钱开始到 99 元钱不等，最高营收一个月有几千元。

张老师赚到第一个 10 万元，是学习了我推出的 IP 打造私房课之后。他开始有意识地布局自己的产品矩阵，推出会员卡项目。会员定价 1000 元 / 人，限额 100 人，结果一抢而空，在两天内就完成 10 万元的收益进账，这是让他自己都不敢相信的。

所以，如果你不知道如何收费，可以在运营朋友圈的同时，创建运营一个自己的社群，后续根据用户的需求去推出付费项目。

4.3.2　赠送咨询

如果短期内你还没办法创建、运营社群，你可以在朋友圈公开招募有咨询需求的人，从免费的一对一咨询开始积累用户信任。

因为是免费的，总能吸引别人来向你咨询。享受了你的免费服务后，正常情况下用户肯定会心怀谢意，你可以请他给你一些反馈和建议。这样一来，你就有了第一个咨询案例。如果你的建议对用户有帮助，那么他很有可能会感谢你，给你微信留言，甚至给你发一个感谢红包。

这就变成了非常好的朋友圈素材，让大家看到你的专业和实力，看到有人愿意为你付费。

当你积累的 15 个至 30 个成功的案例之后，你就对用户的问题、痛点和需求有了共性的认知。然后你就可以基于这些问题和痛点开发具有普遍性的产品，慢慢把非标的咨询产品转向标准化的产品，完成一次飞跃。

4.3.3　推出付费产品的误区

一、免费到收费的时机没把握好

我看到一些打造个人品牌的新人，一上来就开收费项目，或者推荐上千元的付费产品，这就有点高估自己了。一通折腾下来，购买的人很少。这个策略很显然不对。

我还看到一部分人，开了很多免费直播和免费咨询，可是等他开收费课和项目的时候，粉丝都已经习惯免费了，也不愿付费。

所以，把握好免费到付费的时机非常重要。我建议，有人主动向你咨询付费项目的时候，你就可以开始策划自己的付费课程或者服务了。付费产品可以先低价再高价。

二、付费产品不是用户所需要的

有一个部分新手个人品牌容易犯的错误，那就是自己拍脑袋决定付费的产品，自以为粉丝需要这样或那样的课程、产品、服务等，没有提前做好调查和互动就推出产品，跟用户所期待的完全不一样。

我自己的做法是：第一，通过个人咨询和社群互动深入了解用户的情况，然后尽心为他们解决问题。比如我会先了解他原本是做什么行业的，以前的工作遇到了什么问题，为什么想要做线上个人品牌，在这个过程中遇到了哪些困难……通过这样的了解，便可以得到一手的真实信息。第二，产品推出前，要提前跟用户互动，了解下大家对于这个产品的需求。第三，推出的产品文案要通俗易懂，有理有据，产品内容要让用户学完可以立马落地，快速出效果。这样，我们的个人品牌课程才会受到用户欢迎。

第五步

公域引流篇

掌握公域粉丝获取的五大维度

5.1 内容生产的复利效应
把一份时间卖 5 次

内容生产其实是非常难的。对很多个人品牌来说，每天发3条朋友圈都很不容易。但是对个人品牌来说，没有输出，拿什么建立自己和用户之间的信任度？所以内容产出的能力就是个人品牌的竞争力。

在内容产出上，有没有什么高效的方法可以提升我们的效率，降低信息同步的难度？还真有。

我是一个执着于把项目先做好的人。现有的项目做好了，才有时间写总结和反思。如果公司运营和当下事情比较多，就没有那么多时间来写书、写公众号、写短视频脚本，所以我必须学会高效完成这些事情的方法。

猜一猜我是怎么做的？

起初，不时会有用户在微信或"在行"预约我的咨询。我每周会投入一定的时间认真给咨询的用户答疑。比如一个做形体的老师想要了解线上课程打造，要通过线上课程的背书发展线下的代理体系。那么这个项目应该如何推进？

我会详细了解机构的背景规模、公司团队、经营情况、用户画像、线下代理机制、师资情况等，多方位调研、全方位考虑，给出适合的建议。在沟通和给建议的过程中，我会仔细聆听对方的反馈，让更多问题暴露出来。不断讨论碰撞这些问题，解决方案也就一点点地成形了。

也许有人会问，这样一次咨询你只收 1000 元每小时，是不是太亏了，这背后其实是要花很多个小时的付出的；也有的人说，大家花几百元、上千元，又不是像麦肯锡这种全案咨询，花 1000 元，也没想过要购买多么精细化的咨询服务，你那种服务收费上万元才合适，何必要做得那么细致。

其实我也有自己的私心。因为你只有设身处地为对方着想，才能深入了解第一线的多元化情况。你的输出过程，也是一个不断了解用户最新需求和困惑的过程。在这个过程中，你挖得越细，得到的也越多。

每一位用户向我咨询的问题，我都会仔细解答。假如我暂时解决不了，对细分市场不熟悉，我就会付费去学习和请教，直到帮助用户解决问题为止。

很少有人会在这些付费咨询和课后服务上下这么大的功

夫，然而这些努力正是你不断进步的源泉。一个个人品牌要成长，就是要不断提升自己为用户解决问题的能力。用户的需求在哪，你的方向就在哪，这些关键问题要充分了解，不能自己闭门造车。

当我解答过很多问题之后，慢慢发现这些问题有一定的共性。我会提炼出一些主题，录制成短视频，写成公众号的图文。这些作品发布出去之后，又会收到用户的很多反馈。有些用户会基于某个点深入询问，"可以再深入讲一下怎么做……""我的情况是……""应该怎么入门呢？"等。我会基于这些反馈和意见，反复迭代里面的内容，让我的答案能覆盖尽可能多的问题。

这些内容就会形成一次直播分享的框架。因为有了前面3次迭代和打磨，内容更具可借鉴性，比如我在小鹅通、新榜学院等地方的分享，都是基于长期对上千个用户问题的沉淀而来，所以获得许多好评。

最后，因为一次直播分享只有1个小时的时间，很多内容没办法完全展开，如果用户想要听完整的内容，你就可以把这些内容录制成为付费课程。付费课程和直播分享最大的不同就在于直播是思路和框架的分享，付费课程是逐个步骤详细讲解，给学员一套完整的解决方案，方方面面的问题都事无巨细帮学员考虑到了。

课程讲完之后，你甚至可以把重点内容整理成为讲义，或者把学员的问题出版成书。

这就是高效做内容最大的奥秘。别人都是一个主题一个主题地想，但是你可以一个系列一个系列地出短视频、图文、直播课、付费课、图书产品，非常高效。

除了通过细致解答用户疑问得到基础的内容沉淀，你日常的工作或项目也是一个好的信息来源。从 0 到 1 完成一个项目后总结出来的方法论，在多个场景应用后都取得了不错的成果，这样的方法论，其他人会不想深入了解吗？

比如我之前推出的"爆款课程开发方法论"，讲述了一门课销量从几百单到上万单的方法。这门课程里很多东西都是原创的，因为这个领域在当时很新，没有人知道什么样的知识产品是用户喜欢的，什么样的知识产品用户体验更好、学习效果更好，也没有人知道该怎样设定课程生产的 SOP，保证课程的学习与销售效果。在不断解决这些问题的过程中，我积累下的经验变成了这门课程。

最关键的是你要做个有心人，学会把自己的思考和行动步骤归纳出来讲给别人听。有的人自己实战很厉害，但是你让他去带人，去做经验分享，她往往只能憋一句话："我就是这么做到的。你要问我怎么做到的，我也不知道。"

遇到这种情况，你不妨以问题为导向来总结你的内容。比如在线上或者线下搜集 100 个这一领域的问题，然后你来一一回答，把回答的内容记录下来。这就是你对内容的一个初步整理。然后再把这 100 个问题按照不同模块或者步骤一一归类，你的主体内容基本就出来了。把这部分内容与 1—3 章阐述的思路、底层逻辑或者心法结合即可。

你回答不出来自己是怎么做的，其实不是因为你真的不知道自己做了什么，而是因为你已经习惯了自己的做法，这变成了潜意识，好像没有什么值得说的；同时你不了解对方做不好的原因是什么，不知道他们的操作步骤，也就不了解自己与他人做法的差异会带来哪些不一样的结果。因此你需要多听问题，多观察自己与他人的差异。

以知识点记忆和学习力为例。我曾帮助一位哈佛学霸梳理她的 IP 定位和课程内容。她从小就有关联性、理解性记忆的习惯。比如背一首诗，在理解诗句意思的时候，她还会联想到画面、诗句的意思、诗人的生平背景和朝代背景（历史学科、地理学科、政治学科），从中体会诗人想要表达的感情和思想。所以她背古诗时，记忆总是非常牢固——这首诗关联了她的整个知识网络，是网络中的一个点。在古诗的运用方面，她也表现得非常灵活。对她而言，第一层是古文音韵知识，第二层是经典词句在作文中的运用，第三层是同步温习诗词背后的历史、政治、地理、文学等多学科知识。

这个其实就是一个非常好的学习方法，但是她不知道应该怎样把这个方法分享出来，因为她其实意识不到为什么其他人会出现记忆困难。我就跟她说，我以前带过一个孩子，父母给他的学习压力非常大，每天在孩子耳边念叨别人家的孩子成绩怎么样。他们一家对学习成绩看得过重，偏偏孩子成绩不好，经常被打击，所以那个孩子只求死记硬背，能让分数上去就行。

他背古诗是这样的，一句一句念，念熟了就靠语音记下来。其实这个孩子并不知道这首古诗讲的是什么意思，也感受不到作者传达出来的情感，所以他背古诗非常吃力。

她听完就明白了："原来其他人的记忆板块还有这些问题，我知道该分享什么内容了！"所以我们一起把她的记忆和学习方法梳理成了一个体系。

在输出内容的过程中，多了解目标用户的问题，有助于你筛选和判断你要输出的内容。更重要的是，要找到让你成功的关键动作。

下面，请你从用户咨询、用户答疑或自我项目经验、短视频内容、图文、实操微课、付费课程、体系化图书等步骤，一步一步地总结和分享自己的内容主题吧！

5.2 爆款短视频
短视频策划的 4 个关键步骤，轻松
做出爆款短视频

5.2.1 如何做好短视频选题规划

拍短视频简单，但是拍容易涨粉的短视频难。有粉丝简单，获取能变现的精准粉丝难。

我们有一个合作方，在微信生态有上千万的公众号粉丝。随着抖音和快手的兴起，他们也开始组建部门布局短视频，短短半年就在抖音孵化了上千万粉丝的账号矩阵，全公司都沉浸在胜利的喜悦中。后来这个部门尝试了各种变现方法，长达半年时间直播带货、直播带课、短视频带货、接广告……可是这一批账号的累计变现金额竟然没有超过 5000 元，最后公司不得不解散这个部门。

这是为什么呢？因为他们做的是图文与音频剪辑的账号。在抖音和快手里，没有 IP 的短视频账号价值很低，变现也非常差。

那么，我们应该怎样做短视频呢？

首先，一定要做有 IP 属性的账号。不论你是真人出镜，还是用戴面具的人物、动画人物或者有特定含义的 IP 出镜，一定要有一个 IP 符号让用户记住你。信任才是变现的根本。

其次，我们要怎样做选题规划，实现涨粉、构建信任、展示专业度、成交转化等目的呢？你需要一个选题策略，来平衡专业度和粉丝量的问题。可以把你的短视频拆分为不同的作用，扮演不同角色。下面是我总结的短视频选题规划中一定要有的 5 个方面。

一、自我介绍，让别人知道你是谁

每一位想要打造个人品牌的人都应该像这样真诚地介绍一遍自己。

二、展示专业的内容

短视频内容构成里，第二个非常重要的模块就是能够展示你专业性的短视频。你是做什么的，你做过哪些成功案例，拿到什么成果，你的方法论是什么，大家在做这件事的时候容易有哪些误区，等等。这部分内容是为了展示你的专业性。用户在看这部分内容的时候，自然会对你产生信任感。

三、爆款话题仿造

这种类型的短视频主要是为了提升点赞和粉丝量，帮助你的短视频账号破圈。可以搜索全站排名最高的话题，然后创作类似的短视频。绝不要抄袭对方的短视频，而是自己创作内容。你可以选择性地模仿对方的主题、拍摄背景、语调、场景。

四、你的真实生活

互联网上大家互相看不见，展示你的真实生活会让人更容易信任你。比如你平常有什么爱好，生活中偶尔下厨、出去玩、看书等，可以将它们都筛选出来，拍成短视频进行分享。

五、你的价值观

如果你非常专业，但是常常贪小便宜、不懂感恩、利益至上、过河拆桥等，用户一定很难相信你。所以，你需要对外展示你的价值观，让用户知道你不是只想赚快钱，而是诚信为本，想要经营自己的事业。

5.2.2　短视频内容脚本三段论

短视频内容相当重要，一定要保证高度垂直细分，然后要有趣、有用、有共鸣，这才能吸引用户观看。

"有趣"是指内容的演绎和讲解一定要有趣，可以加入一些生动的案例，把枯燥的概念讲得简单易懂。当然你也可以利用一些表情、道具、剪辑等辅助方式，让内容更加的生动。

"有用"是知识类账号一个非常重要的点。知识口播类账号就是把你在这个行业里积攒的经验，通过口播的形式分享出来。每天60秒，分享一个小知识点，坚持下去。

分享的内容一定要有用，不是你自己觉得有用，而是对广大受众来说有价值。

"有共鸣"是指你可以讲一些大家都能够感知的点，利用情感共鸣获得大家的关注和点赞。比如你可以讲创业有多么艰辛，你为创业付出过哪些努力，避过哪些坑，遇到过哪些不靠谱的人？比如你可以吐槽自己某个借钱不还的朋友，这也能引起大家的广泛共鸣。总之找到一些大多数人能感受到的情感共鸣点，这可以在很大程度上帮助你传播你的分享内容。

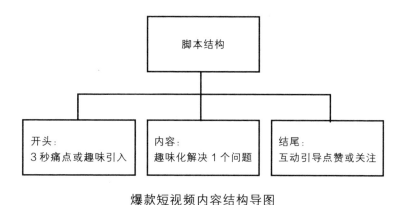

爆款短视频内容结构导图

·开头说出痛点（场景化引入）：前3秒简单直接、用最吸引人的问句、音乐、画面留住用户

·主要内容解决痛点（趣味化表达）：一个视频讲一个知识点，开门见山、表达简单直接说要点，切忌迂回啰唆，或者带上很多不必要的语气词等

·结尾总结规律：逻辑化提升，增加获得感；或者设下问题引出互动和点赞等

比如一条如何开发课程的干货视频，我的文案是：

辛苦几个月打磨出的课程销量个位数怎么办？怎样让用户主动来买你的课？（场景化引入，勾起兴趣让大家继续看下去）

核心点有3点，第三点最重要，你一定要听完：选题、讲师和稀缺内容。

我们在创造爆款课程的时候，要思考的东西很多，但最关键的是这3点。从选题的方向来想，用户为什么要学这个内容？这个内容有什么非学不可的理由？从讲师的方向来想，用户为什么一定要跟你学？你在这个领域是否有比别人更有说服力的经验和能力？从稀缺内容的方向来想，这个内容值不值得用户付费来跟你学？（开门见山，一条视频讲一个主题）

打造课程之前，如果这3个问题你都能想到毋庸置疑的答案，那恭喜，你已经完成了爆款课程开发最重要的一步。

想知道更多爆款课程的关键心法？关注我，邓老师手把手教大家从小白打造出畅销爆款课。（引导点赞关注率，从而促进推荐）

你还可以设计一个下条视频内容的预告。比如下条视频我将会教大家如何做好自己的IP定位！赶快关注我吧！（通过预告的方式来再一次促进关注）

接下来，请快速产出自己的第一条短视频内容：

· 文稿在250字内

· 视频剪辑后的总时长在一分钟左右（这有助于提升完播率）

· 最易上手的方式就是用手机录自己的口播，往期经验分享、干货知识、方法论分享等

5.2.3　账号成长的 4 个周期

平台账号的成长一般可为 4 个阶段：新号期、调整期、爆发期和稳定期。

账号成长的 4 个周期

新号期一般要完善定位包装、打造人设，积累基础内容和粉丝。抖音和视频号对新号比较友好，会在初期给你推较大的量，而快手需要积累到一定的内容数量才会给你逐步放量。新号期冷启动时一定要把心态放平。更新 10 条视频但是不温不火，这属于正常现象，一定要持续更新。如果你想要加速粉丝增长，可以花几百元投放数据较好的视频。

进入调整期后，就要不断优化人设，持续更新。短视频最忌讳的就是三天打鱼，两天晒网，发了几条视频就断更。互联网就是这样，你不更新内容，用户就会把你忘了，所以在前期摸索过程中不断更新，边更新边调整才是正道。

爆发期就是你得到了平台的推荐，某个作品突然上了热门，粉丝从 1000 的量级增长到了上万，甚至是 10 万级。这种突然的涨粉是正常的，很多博主靠 10% 的爆款视频吸收了 80% 的粉丝。视频爆发后，你要做的是把这个爆点打穿。这是什么意思呢？你需要分析你的短视频爆火的原因以及具体所打的点，然后持续更新相关方向的作品。比如你是做美妆教学的，更新了某一条仿妆特别火，那你就可以持续更新该系列的仿妆。在保持爆点的同时增加更新频率，这样的话就能更大程度地增加账号起来的可能性。

　　一般做账号至少半年，粉丝增长和账号运营会进入平稳状态，你发现每一条视频点赞量差别不大，直播时的在线人数和变现数据也大同小异，这就叫作稳定期。稳定期千万不可懈怠，否则粉丝随时可能弃你而去。你要做的是不断创新内容形式，尝试通过更多的直播来提升用户黏性，还可以做一些回馈粉丝的活动，不断提升账号运营效果。

5.3 爆款图文
这样写干货文章，持续高效被动引流

5.3.1 图文常见误区

为什么你写的文章阅读量只有两位数？

怎么收藏和点赞都这么低？别人不愿意转发我的文章？

如果你也遇到这样的问题，那你一定是犯了以下几个写图文常见的误区。

一、写作不要"自嗨"

写文章不要"自嗨"，你是因为自己喜欢，还是因为用户有需求去写文章的？这个问题要怎么自查？

可以回想一下你的文章有没有大篇幅地诉说自己的感受、心情、经历，或者是以流水账的形式记录自己想了什么、做了

什么。假如你的文章说的全是自己想说的，丝毫没有站在用户角度思考他们要什么，这就是自嗨写作。

用户不是你的亲人、恋人，他们哪有兴趣关注你心情好不好、今天遇到了什么事？每个人的时间都是宝贵的，他们之所以花时间阅读一篇文章，是因为他们想要获得自己想要的东西，比如知识干货、方法论、做某件事情的经验、你对事物的洞见等。

所以在写作之前，你要跳出自己的喜好，站在特定用户的角度思考他们在生活、工作中需要哪方面的信息，而你能为他们提供什么。

二、标题决定了有多少人看

如今，手机和电脑里充斥着各式各样的信息，对话框、短视频、资讯网站、弹窗广告等。用户已经习惯了标题不吸引人就不点击阅读，开头不好直接划出。

特别是现在的用户都是在吃饭、工作间隙、上洗手间、晚上休息等时间刷手机，他们都是没有目标地随机浏览。面前这么多信息，到底要看哪条呢？这时候，标题的吸引程度直接决定了有多少人点击你的文章。

然而很多人宁肯用两三天时间来写一篇文章，却不愿意花10分钟好好思考一下标题，最后导致阅读量很低，非常可惜。

三、逻辑清晰，语言亲切易懂

在写文章的时候可以相信一下，如果你跟朋友在聊这件事，你会怎么表达？用这种语言写文章就对了，这会让用户觉得作者像是一位老友，在跟他谈心、讲故事，非常亲切。

不建议使用太过严谨复杂的表达、引经据典，建议多用短句和口语化的表达。

四、多写干货文章

我建议想要打造个人品牌的人多写干货文章，少写热点文、情感文、鸡汤文。写干货文章有 4 个好处：

第一，阅读量大概率不会差，甚至有可能成为爆文。如果你的文章介绍了很多知识，写得全面而且文笔好，那么这篇文章肯定会被很多人收藏、转发，为公众号增粉的效果也会好。

第二，有助于打造个人品牌。你在文章中展示出来的专业性就是你个人品牌最好的背书，用户会因为你的专业性信任你。

第三，干货文章的生命周期更长。如果你只是追热点，这篇文章的生命周期可能只有一星期。相反，如果这是一篇内容非常好的干货文，哪怕过了三五年它都不会过时。

第四，可加速成长。输出可以倒逼输入，并且能帮助你系统地梳理自己的认知。沉淀下来的内容还可以作为未来做分享、做课程、写书的素材，加速你的成长。

这类干货文章可以是方法论总结、教程，或者是知识集合类的文章，也可以是对某些案例的细致拆解，总之是对用户有价值的内容。

5.3.2　痛点引入，故事案例

案例、故事和痛点是一篇文章开头不可缺少的要素。如果一开篇就讲方法论和人生道理，即便有内容高度，也会失去用户的注意力——用户会认为这些道理与我无关。

以我之前在公众号"橙糖说"发表的一篇文章为例。这篇文章是关于如何打造个人品牌的。如果我开篇就讲各种方法论，你会不会想"我为什么要打造个人品牌？""这对我很重要吗？"于是我用了一个故事和案例开篇：

昨天有一位做情感课程的老师在"在行"预约咨询，说他们的课程卖不出去、知识付费平台也不愿意引入推广，想让我帮忙给点建议，然后上知识付费平台。我一看首先课程是情感方向，并不是特别容易出爆款的品类；其次老师虽有一定专业资质，但是当前的背书还不够。我表示你们不要太寄希望于平台推广了，很难出量。你们现在的主营业务是付费红娘服务以及线上的咨询，完全可以打造个人品牌，构建自己的流量池，然后转化后续产品。

我有一位学员是英语老师，以前曾在喜马拉雅等各个平台分享一些免费音频，积累了几万粉丝。2021年年初，他推出了自己的3天训练营，后续转化为单价3000元的付费训练营，一期200人，后面还开展了合作招生项目，现在营收已经破千万元了。

如果你也是位老师，读到这里，你会不会觉得打造个人品牌是一件跟你相关的事？而且你也会想要继续读下去。这就是故事和痛点引入的好处。

在具体操作上，文章开头的故事要简短浓缩，贴近用户生活，有场景，逻辑清晰，具备对比性、冲突性，要说出用户的心里话和痛点。

5.3.3 问题分析与解决方案

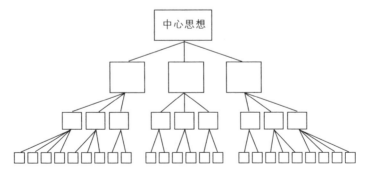

文章中的思想应组成中心思想统领下的金字塔结构

通过故事和痛点引起用户阅读兴趣后，接下来怎么办呢？这个时候你就可以展开讲解你的方法论和经验了。为了方便用户接受，建议分为 3 个步骤分享。

一、分析问题

你要让用户知道他以前的操作为什么没效果，是哪些关键环节出了问题。就像一个人身体不舒服去看医生，医生会做出精细化的分析和诊断，必要时还会做各种检查，让病人知道自己身体的哪个部位出了问题，是什么情况导致了这个结果。这个过程会让用户感受到你的专业性。如果你能在第一时间讲出用户存在的问题，他就会深度认可你接下来的解决方案。

二、给出解决问题的路径

用户知道自己的问题后，你要给出解决问题的思路和路径，指出改进的方向。比如我有一位客户，想要打造"社群运营"的个人品牌。因为他是从零开始做社群运营，靠着不断努力和学习才成长为公司的私域操盘手，所以他的经验和学习路径是非常具有可复制性的，但是他不太会对外输出和总结。我跟他一起把他的经验按照本书第三步的方法梳理成一幅思维导图和 5 个步骤的行动路径，这部分内容对每一个想要系统地学习社群运营的人来说都有很强的参考性。同理，你也需要给你的用户提供解决问题的步骤。

三、明确每个步骤中可落地的方法

路径清晰之后，我建议你在文章中逐步拆解可落地的实操方法。

比如之前在个人品牌孵化营中，一些学员不知道该如何提升自己课程有效性板块，除了给学员可以直接复用的课程内容设计模块，我还会给出对应的实操技巧：

首先是知识性内容教学强化效果的技巧。

（一）拟人化的课程：代入现实故事，以学员相似情景或角色扮演展开内容，串联教学。

（二）随堂测试或提问，通过课堂提问、问卷、趣味测试等设计提高知识类内容的吸收度。

（三）枯燥的任务与有趣的任务，例如"你需要知道的安全急救程序"与"公交车上老人晕倒了！你首先需要做什么？"

（四）正反示范：真正最有效的方法是——先讲一个正确范例，接着讲一个错误做法，最后再做一个正确示范。

（五）作业提交互动与点评功能：加入老师点评打分、点赞、置顶及其他学员点赞、评论等环节，考虑到运营成本，可以抽取部分作业做点评。

（六）定期在课程内带学员回顾所学内容，或者指出需要回顾的知识点在哪个课节，引导学员去听指定课节的内容。

（七）引导学员做笔记、晒笔记和实践，强调这些步骤的重要性。

其次是技能性内容教学强化效果的技巧。

（一）针对性分解展示和练习。

（二）实践练习和即时反馈、点评。

（三）引导学员在多种场景下应用所学技能，即大量的示范或练习。

（四）掌握教学节奏，知识点不要太密集或者太简单。讲新技能时，要预留练习和反馈期，等学员和练习＋反馈期熟练技能并产生自信之后，再引入新技能。此时再学，学员就会觉得"哇，又有新的东西，有趣！"

（五）帮助学员消除技能掌握和实践强化过程中的阻力，提供方法和有效建议，如做收纳时，面对家人的阻挠和不理解应该怎么去沟通。

5.3.4　植入个人案例和联系方式

不管你是做哪个方向的个人品牌 IP，你都不会是唯一的做这个方面的人。怎样提升用户对你的印象，并且添加你的微信呢？关键就是要在文章中植入自己的真实案例和故事。这个动作还有一个好处就是防止洗稿，因为对方很难把你的案例洗稿成他的案例。

并且在文章的末尾可以留下你的联系方式、微信号等，方便用户联系到你。一般情况下，能主动来联系你的人都是对你非常认可的，后续也有进一步向你学习以及合作的机会。

5.4　高转化直播
如何上好一堂高转化的线上直播?

5.4.1　高转化的线上直播做对了什么?

有人说，直播的转化效果主要靠主讲人的天赋，如果想要高转化，就得多邀请几位老师来试课，选择转化效果最好的人进行长期合作。

但是有天赋的人毕竟是少数。大多数的普通人该怎么办呢? 从我帮助多位用户进行个人品牌打造，帮助多个机构从零开始转型线上的经验来看，运用专业的方法对直播销讲进行系统梳理和打磨，从策划、逐字稿、试课到心态等方面不断进行优化迭代，直播的转化率确实会有很大幅度的提升。

所以我认为，主播的天赋不是决定转化率的唯一要素，直播的操作流程 SOP 可以帮助我们极大地提升转化效果，并且标准化是我们保证直播质量的稳定性和转化效果的唯一方法。

如果我们想要上好一堂高转化的引流直播，就要学会用专业的方法对销售讲解直播进行系统打磨，用专业的手法做专业的事。具体怎么去操作呢？下文将和你分享我们与合作伙伴开发引流直播课时常用的实操流程和方法。

5.4.2　引流直播课的全流程梳理

一堂引流直播课从筹备到收尾复盘大约持续 2 个星期，主要分为课前准备、课中教学设计、追单与复盘 3 个阶段。

实操：第一次直播课的推进节奏

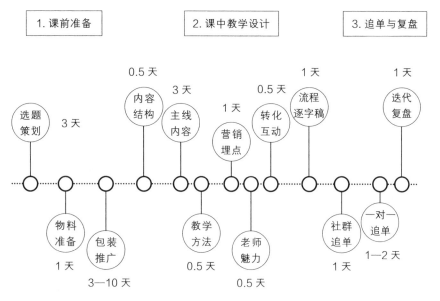

课前准备期：包括选题策划、物料准备和包装推广，目的是最大范围引流精准人群，同时做好课程销转的前期准备。

课中教学设计期：包括内容结构、内容主线、教学方法、营销埋点、老师魅力、转化互动和流程逐字稿7个环节，主要目的是通过教学和课程设计，保证课程体验、教学效果和销售转化效果。

我们需要明确两点：第一，销售转化不是插在直播快结尾时的广告促销和降价宣讲，销售转化设计应该是贯彻于课程全程的；第二，成功销售出一款课程产品的底层逻辑是理解并满足用户需求，要做"赢销"，达到双赢的销售，而不是课程促销和推销。

追单与复盘期：包括社群追单、一对一追单和迭代复盘，主要目的是引导上课过程中没有买课的高意向学员，通过社群和一对一方式完成转化，最后再进行整体效果复盘，不断迭代优化销售讲解直播的流程和细节。

具体准备的时候，可以同步推进一些步骤。一般引流直播课确定好主讲老师、主题、大纲后，就可以制作物料进行推广（宣传周期3—7天）。在这个推广期间，可以同时进行课程内容设计和物料准备，这样安排会更高效。

5.4.3 决定转化率的 13 个关键环节

在分享具体的操作之前，先和大家分享一个真实的案例。

一位线上机构的负责人关注了我们的公众号"橙糖说"，看了里面的文章后，表示一定要飞到广州和我当面聊聊。见面时我了解到：这个机构的课程主要讲用药安全，包括儿童常见疾病用药、老人常见疾病用药等。他们公众号后台有 30 万粉丝，现在遇到的问题是不知道怎么把粉丝变现，也不明白为什么他们的正价课购买率低，效果远没有达到预期。

我了解了他们的操作流程。首先，在公众号发文直接转化到 19.9 元左右的低价引流课，每个课程报名人数 1000—2000人。然后老师直接按时上课，课上很少提正价课，也没有建立社群。最关键的是引流课开课时，高价产品还没有上线。课程结束几天后，与引流直播主题相关度不高的高价产品准备好了，产品上线之后却没什么人购买，这让他们感到很困惑。

之所以出现这样的问题，是因为他们没有正确进行销售讲解直播设计的关键环节。首先，他们的整个流程需要重新梳理——销售讲解直播课都上完了，想要做推广的高价产品还没有出来，错过了最佳推广时机。其次，引流直播课的选题和后续高价产品没什么关系，也大大降低了转化率。代入设想一下，你听了一节服装搭配的引流直播课，课程结束之后课程方鼓动你购买一套新媒体运营的工具套餐，你会认为这个提议有吸引力吗？所以引流直播课的选题是需要调整的。最后，引流直播课程中需要提前设计好高价产品的销售转化铺垫，才能在引流直播课程中顺理成章地做产品成交。

这 3 个问题就是我们接下来要详细展开的关键环节。从引流课课程策划、上课、课后复盘流程中，我提炼出了 13 个决定转化率的关键环节，供你借鉴。

直播课的全流程梳理——13 个关键环节

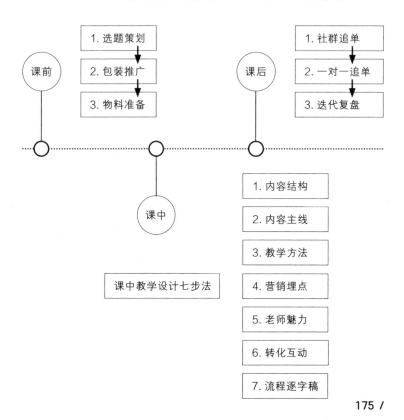

下面我们就分为"课前准备""课中设计""课后承接"3个部分来展开。相信你只要能把这个流程做好，你的引流课转化率一定能得到大幅度的提升。

5.4.4 课前准备

课前准备主要包括3个环节：选题策划、包装推广和物料准备。

一、选题策划

（一）倒推法确定引流课用户和选题

引流课设计一定是"以终为始"的设计顺序。也就是先确定后续高价产品是什么，目标人群是谁，然后在这个高价产品和目标用户的基础上确定我们引流课的目标人群及引流课的主题。

这也就是我们引流课程设计中的"倒推法"，要清晰认知到引流课是为后续高价产品转化服务的，只有基于后续产品这个"终点"去倒推引流课的起点，才能保证引流课和后续产品的关联性和逻辑性，避免我们前面的案例中后续产品和引流课的主题脱节问题。

那在引流课的选题设计上，我们可以从哪些方向上思考比较有吸引力和转化力的课程呢?

（二）通过效果、刚需、人群、场景细化备用选题

这里和大家分享几个技巧。拿到一个正价课选题（如写作课）后，我们可以从4个方面思考它对应的引流课应该怎么设置。这4个方面分别是：效果、刚需、人群、场景。

比如效果切入，也就是达到某种学习效果的方法论课程，比如"1小时，教你快速提升自己的写作技能"。这种课程面向的受众面很广，课程内容一般是后续正价课的方法论的集合，在几十分钟之内给学员一个解决刚需问题的方向。

通常这种课程里也会加入大量价值观元素，比如服装搭配的老师可以说"没有丑女人只有懒女人"等价值观引导话语。学员接受了你的价值观和方法论，自然愿意进一步学习，真正提高自己。

通过场景细化，我们可以对高价产品的应用场景做拆解，选择一个有场景化需求的刚需技能点，作为单独的引流课。比如服装搭配，我们可以选择旅行穿搭，职场穿搭；再如写作，可以细分为朋友圈文案、新媒体写作、销售转化文案写作等。

总之，任何一个正价课，我们都可以从上面4个方向去思考，找到一个选题相关，对用户又很有吸引力的引流课方向。选题对了，就为后面的转化提供了很好的效果铺垫。

二、包装推广

引流课程设置好之后，就可以上架开始进行宣传了，在上架前，我们需要制作一版课程包装，也就是课程头图和详情页。

这一点比较好操作，在这里简单分享一下，课程的详情页至少需要包含的 5 个部分，也就是痛点引入、课程大纲、老师介绍、适合谁听、学员评价。

三、物料准备

在开课之前，我们要做的最后一步准备，就是上课需要用到的物料。俗话说，磨刀不误砍柴工，所以从老师到布场及课件、报名链接等，都需要提前准备好。

这里给你列一个物料清单：

·老师：偏正式的着装、妆容，发挥第一眼效应

·场地、灯光：场地安静、直播背景干净舒服，选择专业的打光灯

·直播工具：提前布置好直播间，下载直播助手并测试，电脑或手机注意链接电源

·麦克风：低配版耳机，高配版专业麦克风

·课件：课件 PPT，逐字稿、案例资料等

·链接：助教二维码、课程链接、优惠券链接、主页链接等

・助教：活跃气氛话术、常见 QA、课程内容重点总结

・引导文案：入群引导文案、正价课报名引导文案

想要效果好，准备工作一定要做充分。因为上面的事项比较多，可以在课程宣传推广期中慢慢准备。

5.4.5 课中设计

这一部分是引流课设计的重点环节：引流课程内容应该如何设计才能做到高转化？根据以往的引流经验，有 7 个点是非常重要的，对于转化效果影响至关重要。

有的人说："这么多啊，我一下子做不到那么全面！"所以我先分享其中入门必备的 4 个点，分别是内容结构、主线内容、教学方法和营销埋点。这 4 个点做好了，你的引流课转化率一定能够得到大幅度的提升。

一、内容结构

内容结构是一个课程的骨架。我们要先把框架设定好，再去填充血肉。有了宏观方向的把握，课程才不容易变形。

下文中的图标和时间分配，是参考了多个引流课程线上转化率高的老师、线下转化高的课程，总结出来的时间比例。

70% 的时间讲课程的核心内容，课程开场和结束时间各占 5%，转化时间和互动时间各占比 10%。这个时间占比是最科学的，不管你的引流直播课是 40 分钟还是 1 小时，都可以按照这个时间分配比例去设计课程内容。

这里有一个小提示，建议提前 15 分钟进入直播间，这对我们做好转化是比较重要的。为什么呢？

因为课前 15 分钟的时间，我们可以为接下来的转化做好全方位的准备：

第一，我们可以在这 15 分钟内做好入场欢迎，告诉大家课程还有多久开始，欢迎大家的到来，减少用户的流失。

第二，上传好基本的课件，准备好入群引导词、正价课的限时优惠链接和引导词，助教可以准备活跃气氛，在后面引导入群和高价课报名。课前 15 分钟用好了，可以为我们接下来的课程做好铺垫，不至于手忙脚乱。

第三，做课程预热的时候，可以问一问学员的职业、兴趣、年级等背景信息，这有助于我们提前了解学员，挖掘用户背后的需求，为后续的转化做好铺垫。

课程时间的分配和设计明白了，然后要怎样做内容呢？

二、内容主线

在内容主线设计上，推荐按照"痛点场景带入—名师背书—

颠覆认知—解决方案—课程推广—三重事实证明—课程特色—课程推广—'水军'答疑—结尾"的顺序展开。

这背后是"唤起持续听下去的兴趣—调动欲望—建立信任—消除疑虑—营造紧迫度—关单"的销售逻辑。如果我们想要提升销售转化效果，我们讲的内容可以变，但是这个底层逻辑不能变。

在内容设计上，这里给大家介绍一个关键的方法，AB版本测试。技术、实验和营销领域经常用到这个方法，但是课程设计中用的比较少。AB版本测试的意思就是设计至少两种上课思路，并进行推广和测试，选择转化率高的那个。

这个方法类似于写推文，如果你有在头部平台写推文的经验，就会知道一篇课程推文在上头条之前，需要先经过在粉丝量比较少的小号或者尾条进行数据测试。如果数据很好，就可以安排资源阅读量更高的位置，如果数据不好，推文就需要优化迭代或者重写。

销售转化课程也是一样的，需要经过很多个版本的数据测试。一般来说，第一版数据就特别好，完全找不到优化空间的概率是比较小的。

三、教学方法

等确定了直播课程内容主线，下一步就是优化教学呈现。

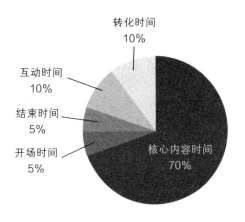

至少提前 15 分钟进教室

不管是什么课程，都需要先保证教学体验和效果，在这个基础之上再谈营销转化和转介绍。

线上课程和线下课程不一样，当线下课程转为线上课程时，给大家一个建议：善于利用案例、实操的演示和互动，增强教学效果。

案例！体验！互动！

课中教学方法

四、营销埋点

最后，来到了很多人都会关心的一个点，为什么有的用户上课时特别兴奋，而且听完就愿意购买我们的高价产品呢？

有的人认为，我要尽可能地讲干货，让用户感受到课程的实用性是比较片面的。干货内容是我们引流课程的主题内容和核心，没有干货内容肯定得不到好评，但是只有这部分内容还不足以引起用户购买高价产品的兴趣。那要怎么去做呢？

这个就是我们课程中营销线的设计。在引流课程里，有6个重点的可选择植入的营销点。

（一）开场白

在课程最开始的时候，助教就可以在直播间中亮出高价产品。比起在课程结尾的时候，突然毫无准备地推广产品，不如在最开始的时候，在欢迎文案的最后准备一句话和一个产品链接，让大家对高价产品有个印象，更有利于后续转化。

（二）挖需求

课程开始后，可以在直播间通过提问的方式，提前了解用户的职业、兴趣、上课原因等背景信息，探知用户的潜藏需求，更针对性地介绍产品卖点，提高后续产品转化率。

（三）专业信任

除了课程开始阶段的老师自我介绍，还可以通过各种头衔和背书来强化专业性。这里和大家分享两个特别有效的与用户建立信任的方法。

首先，老师的低价课内容一定不要太难，最好是有一定的挑战性，但是属于经过老师的点拨后学员很快就能豁然开朗。其次，学员学了课程，如果马上就能搞懂某个之前怎么也想不明白的重要问题，那么他会觉得老师很厉害，自我感觉也会更好。

（四）学习地图

另一个增加我们转化率的技巧是学习地图。也就是要让学员知道，要系统掌握某一个领域的内容，或者解决某个难题，需要经过哪些步骤。接下来还要告诉用户，引流直播课程只体现了一部分的方法，接下来的高价产品才是帮助解决问题的重点，如果你想要获得真正的进步和提升，就要借助高价产品和服务，和社群的其他用户一起获得进步和提升。

（五）重要性

光告诉学员学什么、用什么还不够，还要告诉他们这些步骤的重要性。通过标杆案例证明使用高价产品的好处，包括所达到的效果和成就等，也可以通过没有使用错失了机会的例子来说明不使用的坏处，以此凸显高价产品的作用和重要性。

（六）答疑

提前准备好一些用户关心和可能会问的问题，引导他们在课堂上提出来，然后进行答疑。

所以，你发现了吗？转化环节是贯穿到整个免费直播课的，并不仅局限于课程开始和结尾宣传高价产品的部分。

5.4.6 课后承接

课中的转化点设计好了之后，接下来就是课程结尾部分的转化。

线上课程结尾一般包含课程总结、布置作业，以及下一次课程内容的预告、推荐后续课程等板块，然后就是社群追单环节和课程复盘。

课上引导买课 ➤ 课上引导入群 ➤ 引流社群转化 ➤ 社群二次销转 ➤ 一对一追单

追单与复盘

我会在第八步会详细讲解社群部分。这一节着重和大家讨论怎样引导购买高价产品。

怎样才能引导用户购买高价产品呢？这里我将以高价训练营为例。

关于某主题的系统解决方案，学员的呼声特别高，因此我们开发了一个训练营课，大家可以加入社群咨询助教报名。针对到课的学员，为了奖励大家的积极态度，我们今天特别提供了 10 个 200 元优惠券的学习福利，大家可以点击直播间的链接领取优惠券。注意，使用截止日期是今晚 12 点，想要继续学习的同学一定要抓紧报名。报名后把截图发在学习群里，助教会加你的微信给你发一份学习资料。

这就是一份结构比较完整的高价产品引导购买话术。

5.5 裂变活动与浪潮式发售
用一场活动精准涨粉和造势

5.5.1 裂变活动常见误区

一场裂变把一个品牌冲到微信搜索指数的历史最高位，一场直播连麦获取 2000 个精准 B 端粉丝……如果你也想通过这样的大事件增加粉丝、提升行业影响力、"破圈"、让更多人认识你和记住你，那么一定要学会策划自己的裂变活动。

很多人策划的裂变活动反响平平，根本"裂变"不起来。这其实是陷入了裂变活动常见的几个误区。看看你是不是也有这几个问题？

第一，活动主题没有吸引力，或者主题太宽泛。比如"新年的第一场直播"和"知识 IP 变现线上峰会：揭秘年入百万、千万 IP 讲师的打造、增长、变现路径"这两个主题相比较，后者会更有吸引力。

第二，活动"势能"不够，包括但不限于没有邀请具备足够势能的嘉宾、帮助扩散的黏性学员或分销大使等。

第三，没有策划好传播和裂变的路径，用户参与直播之后不愿意进一步传播，没有更大势能的传播，或者因为缺少参与直播的提醒环节和引导机制，所以用户报名之后就忘记了这场活动，导致到场人数很少，整个活动的势能就进一步降低了。

第四，没有设计好承接路径，用户听了直播后，不知道应该如何转化。

第五，没有做好二次传播就结束了，没有活动留存。

作为个人IP经营者，你也许会说："我哪有那么多高端人脉资源和启动粉丝？我一个人的精力怎么能做得了这么多事情？"

这些问题很好解决，简单两个字：抱团。为什么做个人IP需要一个圈子？就是因为一个人是孤独的，一群人才能走得远。一群有势能的人聚在一起，可以产生很多化学反应，发生很多有趣的事。比如我们的IP孵化群，里面有各个行业的IP，物以类聚，人以群分，大家都有相同的价值观、愿望和目标。你可以在这个群里链接和你不同类目的讲师，说不定将来就可以一起做一场线上的大型裂变活动。这样做也让你有了合作伙伴，工作可以分工来做，每个人承担一部分，一场线上活动轻轻松松就启动起来了。

（续表）

5.5.2 裂变活动策划分工

这场"500强自媒体线上招聘会"让"千聊"的微信指数达到年度最高，从策划到结束耗时一个月。活动涉及2个联合主办方"新榜""智联招聘"的协同对接，30家新榜500强自媒体邀约和物料收集，200个在行业内有影响力的KOL一对一邀约并组织转发；内部需要协调产品、技术、商务、内容、短视频等40人参与这个项目。如果没有提前做好活动执行方案，后续的推进效果不堪设想，局面一定乱得难以形容。

求职大课分工推进表（负责人：邓成婷）										
板块	主要事项	主要负责人	阶段成果	3	4	5	6	7	8	9	10
合作方商务	1. 确定500强企业主合作方，确定自媒体合作与KOL合作对接 2. 确定合作方KOL资源（校园、运营、自媒体） 3. 确定合作方推广位资源 4. 确定各自分工										
自媒体500强对接	1. 包装材料收集表格（包含课程大纲） 2. 企业H5露出资料收集表格 3. 对接新榜500强自媒体包装资料										

渠道 KOL 商务	1. 思考 KOL 渠道合作方案 2. 联系自媒体、运营圈和高校 KOL，建群（可以整合新榜、智联 KOL 资源。从大 KOL 开始谈会比较好） 3. 需要推广资源置换的提前确定双方排期 4. 需要品牌露出的，确定合作直接收集资料 5.PR 渠道拓展，并确定合作方式与排期									
H5 内容 + 风格设计	1. 确定 H5 内容设计（初稿） 2. 确定 H5 风格设计（初稿） 3. 确定 H5 第一版本 4.H5 内容、风格优化									
H5 技术开发	1. 推进 H5 技术开发 2. 提 H5 页面设计需求 3. 技术测试与优化 4. 数据测试优化									
课程内容打磨	1. 课程资料包装收集 2. 活动官方名号、课程名字 3. 课程大纲打磨 4. 提课程头图设计需求 5. 课程包装头图、大纲制作									

推广排期表	课程及 H5 推广排期表								
推文\PR文	1. 课程推文撰写 2.PR 文准备 2 篇，新榜、智联各一篇								
其他宣传文案	其他宣传文案（朋友圈转发话术、群转发话术）								

　　所以活动刚立项，我就与大家开会探讨活动落地的方向和方案，提前做好项目策划方案和分工表，然后通过会议与每个模块的负责人落实具体的工作和时间进度。理顺了流程和分工之后，40 人的项目组配合得非常好，最后用了 1 个月时间顺利完成。

　　500 强自媒体线上招聘会的活动规模比较大。对于个体来说，怎样做活动策划比较好呢？以知识 IP 线上千人峰会为例。这个活动是我的合伙人唐丹丹操盘的一个项目，我们邀请了有书副总裁、星辰教育合伙人、零一裂变创始人、星辰教育合伙人、鲸打卡联合创始人、新榜榜哥会负责人等 8 位好友一起做了一场线上峰会，这场峰会通过视频号直播的方式为大家分享 IP 打造过程中的问题和方法，是一场涉及视频号直播、社群裂变、小鹅通等环节的线上活动。

　　活动的参与人有唐丹丹、靖雯和我 3 个人。因为平时我们还有常规工作要做，所以用了半个月时间来筹备。如果你想要领取电子版时间计划表方便复用，可以扫码本书最后的二维码，备注"个人品牌"领取。

一场成功的裂变活动，离不开提前策划。在做活动方案和时间进度表的时候，有哪些需要注意的事项呢？

第一，先讨论好活动执行思路，再开始写活动方案；在讨论的过程中，团队成员可以集思广益，碰撞出各种玩法，等最佳的活动思路出来了，再将其落实到活动方案和后续的执行分工表上。

第二，对于活动流程和配合没有打磨得很成熟的团队来说，第一次活动的准备事项要尽可能列详细，即便是准备朋友圈宣传文案这样的小事，也要作为重要的事项列出来，以防遗漏。

第三，预留足够的物料改进和调整的时间；像活动宣传文案、海报设计、社群 SOP 等物料，一版成功很难，所以需要预留 2—3 版提建议和优化的时间。

第四，每个模块都要明确责任人，这样团队成员才能清晰知道自己应该对哪些板块的进度和效果负责。

第五，做好活动的紧急预案。没有一场活动是一帆风顺的，团队成员要一起提前思考有哪些环节容易出现问题，比如直播卡顿、停电等，提前准备计划 B、计划 C 等紧急预案，这样在遇到问题的时候团队才不会手忙脚乱。

5.5.3 做好裂变活动宣发设计

宣发设计不够好，活动再好也没人知道。

资源位排期推广表					
时间单位：天	7—9	9—12	12—17	17—20	20—23
200 个 KOL	发朋友圈	活动公关文		裂变活动	
500 强自媒体		运营人员发朋友圈		13 个 500 强自媒体发布活动推文	线上宣讲会正式开始
千聊	banner胶囊	push弹窗	活动公关文	发布活动推文	
智联		帮企业主上广告位		校园 KOL公众号推文	
新榜		自媒体社群	推广 H5 的推文	公众号推文	

500 强线上招聘会启用了五级宣发设计。第一波宣传是预热造势，通过朋友圈、宣传横幅等资源位提前预告接下来的活动。这样做的目的是让大家注意到我们要开展这项活动了，起到提醒和预热的作用。

第二波宣传就是联合了智联、新榜以及 13 个 500 强自媒体一起为活动造势，慈怀读书、百草园等都在同一时间发布了活动推文。为

千聊推荐位

了更好地联动合作方，我们为大家准备了供参考的推文文案、朋友圈文案、海报、宣传横幅等各种素材，方便合作方根据自己平台的需求情况进行修改。以下是为各个自媒体准备的面向C端用户的活动宣传推文。

4月25日，由PAPI酱、凯叔讲故事、樊登读书会、读者等43余家知名新媒体机构联合发起的第一届新媒体500强大型空中宣讲会来啦！
当下最火的中国微信500强企业！

100多个最有潜力的岗位
你还在等什么！

而今极具潜力的新媒体行业，现急缺人才！你每天刷的短视频、微博、朋友圈背后，其实有无数个风华正茂的新媒体工作者在努力，诞生不到10年的新兴行业，蕴藏着无限的可能，新媒体或许正是你步入互联网行业的最佳捷径。
参与此次线上招聘会，你将能聆听到行业发展的先声！此次空中宣讲会，我们邀请到了10余家新媒体行业知名机构的负责人，为你分享他们的职场经验，以及成功背后的企业文化。
听凯叔联合创始人分享"坚持内容为王，赢得精准用户的制胜之道"。
papitube人力行政副总裁杜珂超也将分享原创短视频行业快速走红的诀窍。

先为大家介绍此次确认参与部分企业：

papitube：由 papi 酱团队组建的业内领先的 MCN 机构，视频内容平台。

量子云·卡娃微卡：国内知名移动社交家庭媒体，旗下微信公众号矩阵粉丝不止一亿，涵盖情感、乐活、时尚、亲子、文化、美食等多领域。

樊登读书会：樊登读书会致力于帮助 3 亿国人养成阅读习惯。公司目前已在全球范围内设立了超过 1500 家分会，拥有 600 多万会员。

读者：隶属《读者》出版传媒公司，以读者公众号为业务重点。

物道：用文化温暖人心，让好书滋养心灵，以好物点缀生活。

还有慈怀读书会、丁香医生、富书、恋上文化、锋潮、震惊文化、清梔文化、功夫财经、广州美哒传媒、视知 TV、插座学院等 43 家行业知名自媒体机构，奉上 100 多个诱人岗位！

此次线上宣讲会将提供新媒体编辑、运营、视频制作、活动策划、设计师等 100 个职位，欢迎有求职需求的小伙伴前来"勾搭"，长按扫码或点击"阅读原文"可报名参与。

最后画一下重点：

活动主题：第一届新媒体 500 强大型空中招聘会

分享嘉宾：当下最火的新媒体公司创业者、负责人

此处插入长图（导师介绍）

宣讲会时间安排表

此处插入长图（宣讲会大纲）

参与合作单位

　　到这里为止，活动的势能已经起来了，第三波活动宣传的目的就是把活动推向高潮。接下来，我们用到了 300 个 KOL 的力量进行社群和朋友圈裂变，在短短一天之内裂变了 30 个社群，速度相当快，以至于虽然设计了防封机制，但是海报二维码依旧失灵，无法扫码。

　　第四轮宣传设计就是在各大平台做直播宣讲的时候，针对每个平台的宣传，以及活动结束后的总结推文。所以到了 24、25 号的时候，由刷屏活动带来了多次"二次刷屏"，微信指数暴涨，后续 2—10 天还带来了几轮新的微信指数波峰，在运营圈子里扩大了千聊的传播面。

第六步

百万爆款篇

打造你的第一个百万付费爆款产品

6.1 项目把控
如何制作好内容，一张图呈现爆款课程开发全流程

对于很多个人品牌来说，获得第一个百万营收是带有标志性意义的突破。而对比起销售电商实物、接广告等变现方式，通过知识付费和线上课程变现有它独有的优势：启动成本低、边际成本趋于零、可操性强、更容易与用户建立深度信任。所以，绝大部分在打造个人品牌的人都会推出自己的付费课程。

但并不是每一个想打造个人品牌的人推出的课程都能卖得好，总是会有各种各样的问题出现。

有人会说，我自己在线下讲了几十年课，开发线上课程对于我来说太容易了，没有人能比我更专业。这位老师很快列出线上课程大纲，也没想过辛苦打磨课程内容，直接用手机录好课程以后就安排上线了。但是他后来发现自己的线上课卖不出

去，销量特别低，甚至自己都不知道原因。

有些人特别想要通过线上课程树立自己的专业度，获得全网各大平台的推荐以提升影响力，所以每一门课程开发的环节和步骤，都会请价格不菲的外包机构来负责。比如课程的拍摄和录制都在专业高档的摄影棚，连配音都请了专门的音频转录师，后期制作也非常精美。课程制作费用竟然高达 15 万元。

因为没有做好平台用户的前期市场调研，自己做出来的课程选题方向不符合平台用户的需求，所以后面找不到平台来推广。这就导致了这个机构投入大量的时间和成本，却没有获得相应的回报。

这些都是开发线上课程容易掉坑的地方。出现这些问题的根本原因在于，对线上课程开发几个关键问题缺乏了解。想要开发口碑好、销量好的课程，需要了解以下 5 个关键方面：

·两套打法：私域售卖与知识付费平台推广
·与平台合作开发线上课程的一般流程
·课程制作周期大概需要多长的时间
·线上畅销课程基本形式（课节、形式、时长）
·课程开发是否需要建立团队，最低团队配置标准

了解完这 5 个方面，相信你对线上课程开发就可以做到心中有数了。

6.1.1　两套打法：私域售卖与知识付费平台推广

从零打造个人品牌的人一定要学会借势。借谁的势？各大平台的势。各大平台就相当于你的伯乐。

在我打造个人品牌的过程中，如果没有平台创始人和领导的赏识，相信我的进步会慢得多。是他们允许我在行业性会议上分享打造个人品牌的经验，梳理总结成课程开发标准化手册，在北京一场线下行业性千人峰会上对外发布。如果没有众多的平台合作方认可，比如新榜、小鹅通、在行、运营研究社、春藤大学等，邀请我与他们联合开发课程，或者作为他们的线下大课、线上课、线上直播等嘉宾参与课程，我也不可能在这么短的时间内走到今天的位置，所以对此我非常感恩。

对于每一个想要打造个人品牌的人来说，一定要积极拥抱平台，尽你的能力为平台提供价值，寻求合作点，但并不是每个人都能第一时间跟平台合作上的。当你的势能还不足以与平台深度合作的时候，先做好自己，毫不犹豫地提升自己的能力与影响力。当你强大了，平台就会看到你，这也是你为未来的合作所做的铺垫。

同时，跟平台的合作也有许多注意事项，把握不好就容易错失宝贵的机会。所以这一章内容侧重于说明跟头部平台合作课程的相关事项。如果你是想要了解课程开发的一般流程，那么可以直接看第二节和第三节内容，这两个部分将聚焦课程大纲和课程内容打磨的方法论。

6.1.2　课程开发的一般流程

一般来说，与平台合作开发一门知识付费课程的生产流程如下 13 个环节：选题策划→平台匹配→立项与签约→资料收集→解决方案→大纲设计→营销亮点→课程设计→课程包装→录制剪辑→课程推广→后期录制→复盘。一般从选题策划到课程上线需要 1—3 个月。因具体情况而有所不同。

讲师课程开发的一般流程

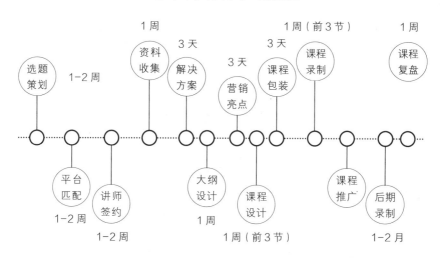

接下来我们具体来看一下每个环节的具体情况。

环节 1：选题策划

选题策划是课程制作中最关键的一环。不仅因为选题会在很大程度上影响课程销量，还因为各平台的制作人团队会在这一阶段审核你提交过来的内容，也就是你的选题提案表。（扫码结束页的二维码，领取 word 版本选题提案表。）

一、讲师介绍			
姓名		职业 title	
微信号		电话	
个人介绍 （至少五个亮点）			
个人大事记 （相关事迹、作品）			
形象照			
与课程主题有关的主讲人相关报道 / 文章的链接			
二、选题策划			
目标人群			
刚需痛点			
选择原因			
三、课程具体情况			
课程方向			
课程形式			
课程预计单价			
预计成单数			
课程大纲			

他们想从这些考核中知道什么呢？从多维度考量你的选题是否有刚需、老师或内容机构是否具备足够强的内容生产能力和完成课程制作的决心，最终决定是否能够跟平台签约。

环节 2：平台匹配

有很多人认为，不是课程开发完成之后再寻找与课程匹配的平台吗？不知道你有没有遇到这样的情况：课程开发完成后，才发现课程与平台用户需求不匹配，没有平台愿意推广，课程开发与制作的成本都很难收回。怎么解决这个问题呢？需要在选题策划之初匹配相对应的平台。

环节 3—4：讲师签约与资料收集

与平台确认合作之后，每个平台都会有自己的流程和物料需求清单。下一步就是按照平台的需求把相应的资料准备好就可以。

物料的收集越详细越好。有的人不明白为什么需要这么多物料，甚至有的平台还会提出要你的成长经历和故事，其实这些物料都会被用于后续课程详情页的制作、推文的撰写，以及各种营销推广包装上。物料越详细越详尽，对课程的推广策划、包装效果越有帮助。

环节 5—6：解决方案与课程大纲设计

解决方案是我独创的课程底层逻辑，就是针对学员的某个问题或目标，我们希望用什么课程内容以及相对应的服务去帮他完美地解决他的问题，或者帮助他达到目标。在这个过程当中，我们的课程内容和对应的服务就是我们针对这个问题的解决方案。这个步骤打磨的过程可能会持续一周甚至是更长的时间。

明确了解决方案之后，正式确定合作之后，老师做的第一件事情就是列出并优化课程大纲，然后基于课程大纲去完善自己的解决方案。具体课程大纲生产和优化的方法后面章节会展开。

环节7—10：课程内容打磨、录制剪辑、营销亮点与课程包装

再下一步，课程制作人会和你一起设计课程内容，打磨逐字稿。一般来说，建议录制课程的时候，先录制课程的一到三节，而非全部录制完，这就避免了一次性把课程做好结果发现和用户的需求不匹配，前期成本无效投入的问题。我们可以通过1—3节课的打磨，把我们的课程内容先优化成用户需求的形式，避免做无用功。

课程内容基本成型之后，接下来的步骤就是提炼课程的营销亮点，制作课程的头图、详情页和课程的推文。课程打磨完前面6—8个课节，就可以开始上线进行推广排期。当然有的平台需要更新完结后才能上架成功，比如抖音学浪等，这种情况就可以一次性录制更新再对应上架。

环节 11—12：课程的排期推广与后期录制

课程的排期推广一般会进行多轮测试和数据的优化之后才会进行大推，意思就是课程的推文会先上线一些小号或者是大号的尾条，先用几百、几千的阅读量去测试推文和课程详情页的转化，当数据达标之后，再推公众号的头条，进行大规模的推广。当课程的转化率数据特别好的时候，就可以去进行全网的付费投放和推广，引流来用户以后再运营转化高价课程。

在课程持续的推广过程中，后续的课节会陆续上线。一般会固定每个星期上线多少个课节，比如固定更新一到两个课节。并不需要一次性完成所有的课程内容更新之后才上线推广。

环节 13：复盘

当课程开发、推广流程跑完之后，需要进行一个课程整体项目的复盘。审察每个步骤还有没有可优化的空间，为开发下一个课程做准备。以上就是我们与平台合作课程开发的一般流程。

6.1.3 课程制作周期大概需要多长的时间

一个课程项目参考开发周期是 30—90 天。时间长短取决于内容生产的速度以及你的时间投入度。

如果内容储备充足，每天都能出一节课程内容，课程录制时也非常顺利，不需反复录制，那么最快一个月就能完成一门课程的开发和制作。

如果你的其他事务较多，投入到课程开发的时间不确定，或者内容输出速度比较慢，那么很可能 60—90 天都不能完成开发。

一般来说，课程开发项目时间太长，时效性就不好，有可能会被其他人抢占了选题市场，因此尽可能将开发时长控制在 60 天以内。

6.1.4　线上爆款课程基本形式（课节、形式、时长）

目前线上畅销的课程既有视频也有音频的形式，怎么判断课程更适合制成哪种形式呢？

这需要结合课程内容本身、学员的听课场景，以及合作平台对音视频的偏向性来决定。比如瑜伽、营养餐、健身操这些需要跟着老师的画面来学习的实操性内容，一定是视频形式；类似冥想、心理疗愈等领域的内容，可能音频的形式更适合学员随时听，当然，如果老师的画面表现力丰富，也可以选择视频的形式。

在课节数和时长板块，定价 100 元以内的畅销课程一般是 12—25 个课节，2000 元定价的高销量课程一般是 30-50

个课节。

因为线上学员注意力有限。在课节时长方面，最好将单节课程内容设置为 15—20 分钟，不要超过 30 分钟。15 分钟左右的课程，要准备多少内容呢？以中等语速为例，4000 字录课脚本录制剪辑后大概是 15 分钟。

6.1.5　课程开发是否需要建立团队，最小团队配置是怎样的

自己搭建团队成本很高。如果你没有稳定的知识付费课程开发业务，或者课程开发经验还不成熟，可以找外部的课程开发团队合作。

一个最小的课程团队需要课程制作人、内容品控、文案、设计、拍摄、后期制作和渠道运营，一般是 6—7 个人一个小组。课程制作人负责整体课程项目的统筹以及选题策划、大纲打磨等；逐字稿由内容品控进行每个细节的打磨优化。课程拍摄剪辑、详情页、推文由文案、设计和视频团队配合完成。

团队搭建有哪些坑？		
没有招对人	扩张太快	激励不到位

在搭建团队的时候，有哪些问题是需要避免的呢？

有很多学员来咨询我，他们自己搭建了课程团队为什么课程还是卖不好？这很正常，很多公司花费10—20万元组建一个创新部门，但是最后部门的营收还覆盖不了部门员工的工资。以下是我总结的3个组建团队最容易掉坑的问题，希望对你有所帮助。

第一，对的人才能把事情做对，但是你没有找到对的人。

我有一个做企业培训的学员，线下有一定名气，想要转型做线上课程。今年初，他找到一位熟人，请他做课程总监。

这个熟人以前有新媒体投放方面的经验，并且有过成功的投放案例。学员觉得他既是熟人又有互联网经验，课程内容也和他的经验高度匹配，所以放心交给这位熟人来做。不仅高薪把他挖过来，还为他搭建起了5个人的团队。

最后课程做出来，完全达不到上架平台的质量和转化率标准，投入产出比也很难打平，基本只能在这位学员的私域里销售，整个项目宣告失败。

这其实就是没有线上课的经验，不懂做好线上课需要什么能力，找错了人。所以刚刚入局知识付费的老师，建议与知识付费领域专业团队先合作，一定不要一开始就搭建自己的团队。

第二，团队扩张太快，初期就搭10人以上的内容团队。

有远大的目标是好事，但是在没有验证模式的前提下，初期就搭建大规模团队，后续如果没有持续的业务和产出，整个团队会非常焦虑。内容创业靠人来堆是不行的，建议大家从小团队开始，慢慢扩展，才是更好的运营方式。

第三，不懂激励，不舍得给钱。

优秀人才是公司最宝贵的财富，一个有水平的课程产品和一个平庸的课程产品之间，收益差小则几十万元，大到上百万元。"做事之前先做人"，不要不舍得给员工发薪。设置一些奖金或者提成，可以让员工更加主动投入。

到目前为止，相信你对于线上畅销课程开发的整体流程有了一定的了解。下一节我们就来一起讨论如何找准自己的课程选题方向。

6.2 选题策划

3个步骤教你找准选题，能卖 50 万
还是 100 万元看你自己

　　线上畅销课程的策划，本质上考验的是谁更了解用户。要想打造一个吸引用户，甚至销量过万的课程产品，第一步就是学会从线上用户的需求出发抓住他们的刚需、痛点和普适的需求，基于这些去设计课程产品。毫不夸张地说，一个课程最终的销量怎么样，有 50% 以上是由这个课程选题决定的。

　　希望这一节的内容能帮助你快速了解知识付费行业市场，明白如何找到线上用户的刚需，学会评估一个具体的选题在当前知识付费市场的潜力。同时，最重要的，最终为自己策划一门畅销课程的选题方向。

6.2.1　摸清线上用户画像：找准自己的主流用户是谁

要想找到用户的刚需，你得知道自己的用户是谁。

知识付费的用户大部分集中在头部知识付费平台，比如十点课堂、喜马拉雅、千聊、荔枝微课等。这些大平台最开始对自己的用户也没有特别清晰的认知，不知道哪些方向的选题好卖。所以他们只好拿各种选题不断试错，用成交额和转化率来测试用户的接受度，在这个过程中不断加深对用户的理解。

像这样的课程测试，试错成本非常大。一些阅读量达到10万以上的推文，最后转化的订单可能非常少，平台浪费了大量的推广资源位。不过经过不断的试错，这些平台也渐渐明晰了自己的用户画像和他们喜好的方向，逐渐建立起一套完整的选题流程，从而降低了因为选题方向错误导致的销量不好的风险。

我之前在平台工作时，负责梳理平台内部的选题品控流程。在开始一个新的课程项目之前，我们会用一周左右的时间来做全网的数据分析，比如站内和站外的搜索量、销售数据、点击量等，把这些数据调出来去预测并验证用户的需求。

经过用户分析、选题策划、用户调查、选题会等流程，以投票和用户问卷调查的方式来决定是否做这个选题。经过这些梳理，爆款课程的命中率也越来越高。

听完这个方法，你会不会想"太棒了，我也赶紧用这个方法来了解线上用户，策划自己的选题吧！"这个想法很好，但是你有平台的大数据吗？

没有吧？对于没有大数据的我们来说，要如何弄清用户画像，如何找到用户的刚需？

没有关系，接下来的内容会给你惊喜。我会直接给你分享当前知识付费主流用户的画像。这得益于之前做用户白皮书时做的各种平台用户分析和用户调查，希望这些经验和积累对你有帮助。

下文是主流知识付费平台的用户画像。

知识付费的用户，10 个里有 7 个是女性。

是怎样的女性呢？我们做用户画像的时候，不要只停留在数据上面，还要还原用户真实的生活场景。我们来看一个典型用户的生活画面：

自从儿子出生，Amy 感觉自己的生活发生了翻天覆地的变化。以前虽然不说很美，但是至少身材不错，现在身体严重变形，形象和从前判若两人；以前她不化妆就不出门，现在每天忙得鸡飞狗跳，为了孩子成绩和学习没少操心，根本没精力折腾自己；她生孩子后，好不容易找到一份工作，但是工作很忙，回到家还要照料孩子、做家务，根本没有时间过二人世界；丈夫对此很有怨言，也不像恋爱时那样关心和包容她了，吵架越来越频繁。她不知道为什么自己的生活变成了这样，也不知道问题出在什么地方，她很想要改变自己的生活。

听完这段话后，不知道你眼前看到了一个怎样的人？你身边有没有跟她相似的人呢？

参与线上知识付费的用户大部分是二、三、四、五线城市的女性群体。她们有强烈的自我提升意愿，也承担着巨大的生活和经济压力，愿意为能够解决自己问题的优质内容付费。

像这样的用户，都是因为什么焦虑呢？

首先在家庭方面，她们可能会去思考小孩的健康和教育的问题，担心学区房、入园、升学、小孩的学习成绩。当然，夫妻关系也是当前她们的痛点。她们还担心家庭的经济情况，比如作为妈妈，她们可能因为在家照顾孩子而失去工作，家庭因此断了一份来源，只剩下丈夫一个经济支柱。养孩子，还要赡养老人，赚钱也是一个非常急迫的需求。

关于她们自身，有哪些可能让她们焦虑的地方呢？排名第一位的自然是外貌，她们害怕衰老，希望自己够时尚、够漂亮。所以这类课程，比如变美、变瘦、皮肤逆龄生长等方向的课程卖得很好。这也从侧面验证了，对于这一部分知识付费主流用户来说，变美是一个很迫切的需求。

那么，在了解了主流用户是谁，以及用户在焦虑什么之后，我们可以策划哪些方向的课程呢？对应用户的需求和痛点，可以开发的课程方向包括但不限于以下 11 个方向：

· 变美：比如气质仪态、瘦身塑形、皮肤保养等

· 个人成长：比如情商、沟通技巧、情绪管理、学习力、记忆力等

· 亲子育儿：比如家庭教育、脑力开发、儿童性格培养等

· 学习成绩：比如学科学习方法、学霸家长教育方法等

· 职场技能：比如职场升迁、软件工具、人际关系等

· 婚姻情感：比如魅力提升、两性相处、亲密关系等

· 赚钱理财：比如理财技巧、投资方法、赚钱方法等

· 生活兴趣：比如收纳改造、彩铅绘画、生活技巧等

· 健康养生：比如中医养生、健康调理、心灵减压等

· 英语学习：比如英语学习方法、口语提升、生活门语等

· 文史国学：比如经典解读（《易经》、《红楼梦》、佛经等）等

这里列举的选题都是当前非常受用户欢迎的选题类型，此处不再展开了。你需要知道的是，每个类目和方向都可以再做拓展和选题创新。

一般来说，线下市场比线上行业成熟，线下企业提供的服务和产品范围远不止上文列举的这些。所以，用户还有很多待挖掘的需求，选题也有可拓展的空间。目前有一些做出版、企业咨询、电商零售等领域的公司希望和我合作帮他们开发线上课程，也可以侧面验证这一点。

6.2.2　验证用户需求：是否符合刚需、痛点和普适

通过用户画像分析，你知道了线上用户的真实需求，也列出了可以开发课程的潜在选题，那么是不是所有需求都适合开设课程呢？

我认为课程产品满足刚需、痛点、普适的需求才有大的潜力。如何判断一个需求是否刚需、痛点、普适性，我们需要问自己 3 个问题：

- 刚需：用户认为这件事情非常重要吗？
- 痛点：不解决这个问题会很痛苦吗？
- 普适的需求：哪些细分人群有这个需求？

这就是一个爆款课程产品的3个必要的落脚点：刚需、痛点、普适的需求。你还记得最开始选择个人品牌打造的细分赛道时，我们也曾用刚需和痛点来做分析吗？课程选题也是一样的评判标准。

好了，当我们对各个选题潜力有了详细的评判，就可以找到最有销售潜力的选题。

6.2.3　策划差异化选题：策划适合自己的差异化课程选题

无论你选择了哪个方向，市面上一定有不止一套相同方向的课程。这个时候你需要思考，针对用户的需求，你是否能提供一些更具差异化的解决方案给他？这里，我将分享两种常规思路。

第一种，找到用户需求之后，从各个方向去拓展能够满足需求、解决问题的独创解决方案。这将形成差异化的选题，甚至可以把解决方案变成课程产品，帮助更多用户。

给大家举个例子，同样是希望变美、变瘦的用户，有些人会提供"瑜伽练习"这个解决方案，通过瑜伽帮用户变美、变瘦、变得更有气质；普拉提也可以帮助这位用户解决问题；有的人说我是"跳健身操出身，学习健身操也可以帮她达到同样效果"；打造营养餐方向 IP 的人表示，我的食疗食品套餐效果也不差；中医调理也可以帮助她调理体质，变美变健康……

当然，这些人的方案也许在你看来还不够科学和完善，你能提出更有效的方法。一定要把你的想法记下来，这就是你关于这个方向的洞见，也是独特竞争力。

第二种拓展差异化选题的思路，就是从用户的日常工作、生活中找到还没有被满足的新需求，以此作为新选题。

以前我给一个想要打造个人品牌的老师提过一个建议："你有没有发现，现在爸爸妈妈在陪伴孩子写作业的过程中，都会遇到不小的挑战。一陪娃写作业就血压飙升化身'咆哮帝'，却又不得不抓孩子做作业。这其中便有巨大的市场，你可以做一个作业辅导的课。现在市面上还没有针对这个问题的课程。"

后来她听从我的建议，合作开发了一门孩子作业课，现在这门课的全网销量已超过 1 万单。

上面两个做选题差异化的方法是不是看起来很简单？但是正确使用也会产生巨大的威力。

我用上面的方法分析了喜马拉雅用户的需求，针对他们平台用户列了 20 个有爆款潜力的选题。有一位做内容 MCN 的前辈对我很关照，于是我把这个选题清单发了过去，问他有没有考虑做一些这种文史哲类的课，并表示这种课在喜马拉雅的销量应该不错，是一个可以考虑的项目。

前辈回复，现在市面上卖得好的大都是能马上见到效果的实操型课程，文史哲和亲子类的课程应该不太好卖，做不了。

我跟他说，喜马拉雅的用户画像跟其他平台不一样，用户的需求和使用的场景也不同。其他平台的用户可能要早起或者晚上回到家才听课，但喜马拉雅的很多用户可能会在通勤途中听课程音频，所以他们对于那种技能类、实操类的课程反倒没办法接受。干货类课程需要全神贯注，看着屏幕听课，通勤路上也许会出现安全问题。喜马拉雅的用户需要的就是文史哲和亲子类课程，听起来非常轻松；并且喜马拉雅不少用户是有车一族，经济基础决定了他们的认知和付费习惯，所以这一方向的课程应该是可行的。

比较遗憾的是，这位前辈最后没有做这些选题。差不多过了一年后，我看到喜马拉雅慢慢开始推我之前预测的 10 多个选题，很快就有了 500 万播放量、700 万播放量，都是他们平台头部的课程选题。所以这位前辈也算是错失了一个机会。

好了，到目前为止，恭喜你已经学会从用户的角度出发策划选题。现在很多人在做选题的时候，看的都是课程的表面，别人做什么选题自己就做什么选题，永远在跟风。

运用本节介绍的方法，你将比别人更能洞察用户的需求，有机会找到比别人更好的差异化解决方案，策划更有爆款潜力的选题。赶快行动起来吧！

6.3　内容大纲
如何设计有吸引力的内容大纲，3 个方法让粉丝看了就想买

一份好的课程大纲和一份普通的课程大纲，区别有多大呢？

我们一起来看一个案例，在修改之前，这一版课程大纲的内容其实也是非常专业的，详情页转化率是 10%。也就是 100 个人看到了课程详情页，10 个人最终购买了课程。

你认为这个数据是高还是低呢？

对于线上爆款的课程来说，这个数字其实不算高。我们优化了一版后，详情页的转化率提升了 4 倍，达到 40%，也就是说 100 个人当中有 40 个人购买了这个课程。

提升效果还挺明显的吧？那么这两个课程大纲之间的关键区别是什么？答案是我们在这里想讨论的重点——课程大纲的获得感。

要想让学员在还没有学习课程前就把钱放进我们的口袋，我们的任务是要让看到线上课的人，看完课程大纲之后惊喜地发现，这个课程正好可以帮他们实现目标。

就像一个乘客，如果在买票的时候一看就明白"哎呀，这一趟车刚好能将我送到目的地"，他就会毫不犹豫地买票上车。

那怎样才能让我们的课程大纲有"获得感"呢？这里和你分享 3 个最简单、最直接有效的实操方法。不管你是第一次入局知识付费，还是已经有了一定的做课经验，看完后都可以把这些方法运用起来。相信有了这 3 个方法，学员们看了你的课程大纲后，也能瞬间明白这个课程就是自己想要的。

这 3 个方法是什么呢？

一是确定"目的地"，找到用户最痛的点，也就是课程的主打卖点。

二是结构化列出"途经地标"，明确从起点到目的地的学习路径和知识点。

三是标注"站点"，划分课程大纲模块，并且写清楚每个部分与目的地的关系。

6.3.1　确定"目的地"：找到课程的主打卖点

打造课程大纲"获得感"的第一步就是要确定课程的"目的地"。

你的产品也许可以同时解决用户的很多个问题，但是在做对外宣传的时候，要找到用户最痛的一个点，以此为主打卖点，一门课程可以解决所有问题是不真实的。

可能有的人觉得，能解决一切问题的课程难道不好吗？

其实不是的。课程的对外宣传就像在别人的认知地上挖井。有些人的做法是到处掘井，每个问题都用一两段话来粗略阐释，然后急着去推销下一个卖点，想要让人们相信自己能够帮助用户解决很多问题。愿望虽好，但是用户看过这些文案和物料后是否真会买账？

并不会。别说下单购买课程了，用户很可能看完你的宣传资料马上就将它抛到脑后，或者根本弄不明白你在介绍什么产品，甚至认为你是骗子。

所以要想说服用户，不如找准方向，将一口井挖到底。以一个痛点为基础，从各个角度说服用户，真正改变用户对我们课程的认知，最后下单购买我们的课程。

比如我们在做家居收纳课的时候，分析出用户的 50 多个痛点。最后经过比较分析（刚需、痛点、普适性），找出了 2 个最具转化力和普适性的痛点：

第一，觉得家里空间狭小，空间使用率低；

第二，收纳完了但是很容易再乱。

经调研，市面上相关课程的卖点大多集中在"空间小""让小家越住越大"上。我们再打同样的卖点很难做出差异化。所以最后选择了"一次收纳，永不复乱"这个卖点。

你也可以用这个方法梳理一下你的目标用户的痛点，从中选择出1—2个最容易引起共鸣的痛点。最后，确定自己的主打卖点——也就是我们课程的目的地。通过课程卖点的梳理，我们可以确保自己的课程解决的是用户想解决的问题，课程大纲的方向是正确的。

6.3.2 列出"途经地标"：明确学习路径和知识点

打造课程大纲"获得感"的第二步就是结构化地列出"途经地标"，明确从起点到终点的学习路径以及对应的知识点。

比如你确定好了课程将把带大家去的地方（B点），接下来要做的就是确立从用户所在的A点到目的地B点之间的学习路径和途经节点，让用户一看就明白你的课程是可以帮助他从A点到达B点的。

这里有两个非常重要的环节：

第一，你要清楚地知道目标用户所在的起点（A点）在哪里，也就是说你要非常了解你目标用户的认知基础。如果你对用户不了解，哪怕你的专业性再好，讲出来的内容再"高大上"、不接地气，也无法解决普通用户的问题。如果你不知道用户的问题在哪里，也无法设身处地地为用户提建议。

这一点其实就是有经验的个人品牌以及资深的课程制作人最宝贵的地方，因为他们理解用户的认知状况，能够轻而易举地设计出吸引用户的内容，让他们觉得有共鸣，有获得感，既不会太难，也不会让课程太简单。很多个人品牌希望找我们合作，就是因为他们不了解线上用户。

第二，能够结构化列出从 A 点到 B 点的路径。这需要讲师具备一定的专业性，另外我也给大家 3 个帮助思考的方法，帮助大家详细列出中间需要经过的点。

第一个方法是解决方案法。

你是最了解这个领域和这套方法的人。要想帮助用户解决问题，达到我们宣传的效果，你有什么系统性的解决方案吗？可以把这个解决方案一步步列下来，这将构成了我们课程内容的主线。

以家居课为例，要想解决收纳不复乱的问题，首先就要颠覆用户对于收纳的认知，真正了解不复乱的底层逻辑。接下来，你可以针对房间的每一个模块，比如玄关、客厅、厨房、卧室、儿童房等给出具体的实操方法。这就是课程的主线。

第二个方法是用户痛点法。

还记得分析用户痛点时，我们只筛选了一个主打卖点吗？这不代表其他的问题我们都不管了。其他的问题的刚需性、普适性虽然美没那么强，但是也代表了一部分的需求。我们可以筛选进来，作为课程的一部分，穿插在课程主线中。这样做可以吸引另一部分对这类问题非常感兴趣的用户，丰富课程内容。

第三个方法是需求调查法。

你可以通过需求调查了解用户没有说出口的想法，他们对课程内容还有哪些期待，或者对哪部分内容更感兴趣，希望你详细讲解。比如之前制作家居收纳课时，我和团队就做了这样的市场调查，得出了用户最感兴趣的内容的排序，这对后续课程内容的设置非常有参考意义。

现在，你应该大致知道如何列出用户想要从 A 点到 B 点的路径了吧？赶紧行动起来，列出你的学员学习路径吧！

6.3.3　标注"站点"：划分课程大纲模块

列出学习路径和知识点后，为什么不能直接陈列给学员看，还要划分模块呢？给大家举个现实生活中的例子吧，比如你从北京到广州，你能说出中间经过了哪些城市和乡镇吗？

想要复述出中间途经的上百个地级城市和乡镇名字，就算提供地图供你查询，想必也是一件非常难的事情。

美国心理学家乔治·米勒在一篇著名的论文《奇妙的数字

《7神奇的数字 7±2；我们信息加工能力的局限》中说，人的短期记忆没办法一次性容纳和处理约7个以上的记忆项目或信息。有的人可能一次记住9个信息，有的人只能记住5个。大脑短期记忆和处理效果比较好的信息量是3个。

所以，当大脑发现需要处理的项目超过4个或5个，或者更多的时候，就会将其归类到不同的逻辑范畴中，以便于记忆和信息处理。所以，我们需要把课程大纲划分模块，帮助用户理解课程内容之间的关系，以及每个步骤与目的地之间的关系。

现在，我们以省为维度来区分归类，你很容易发现从起点到终点一共有6个省市：北京、河北、河南、湖北、湖南、广东，这样看是不是觉得清晰多了？

用户每到一个省份都能清晰知道自己走到了哪个位置，距离目的地还有多远，心里也有了盼头。

课程大纲也是一样。我们做好分类后，必须能让用户看完课程大纲后就感到有把握能在学完之后掌握课程知识，让他们认为，这个课程大纲是帮助他们从A点到B点的最好路径，然后毫不犹豫地买票上车。

但是这个时候有些人就犯难了。前面列出了这么多内容要点，要怎样做模块划分呢？

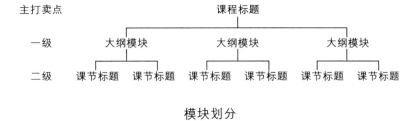

主打卖点　　　　　　　　　　　课程标题

一级　　　　　大纲模块　　　　大纲模块　　　　大纲模块

二级　课节标题　课节标题　课节标题　课节标题　课节标题　课节标题

模块划分

一般来说，我们思维的底层逻辑有 3 种，时间顺序、空间顺序、逻辑顺序。所以，划分课程大纲模块的方法，为了主动适应人们思维的习惯，也有对应的 3 种。大家按照我的方法来操作就可以。

第一是黄金逻辑结构：这个方法是按照解决问题的推理过程形成的结构顺序，适合大多数课程的结构搭建。

Why（为什么）→ What（是什么）→ How（怎么做）。

比如我们要为小孩家长做一个入园课程，就可以用黄金逻辑法。先讲为什么小孩会出现入园问题，再讲入园问题是什么，最后大篇幅教父母遇到入园问题应该怎么办。内容一共分为 3 个模块，整个结构非常清晰、完整。

第二是空间型结构：在这种结构中，课程的各个模块是相对并列的关系。

怎样做好自我管理，这个大课题可以拆解成精力管理、人际管理、情绪管理、行动管理、权力管理等维度。如果每个内容是一个课节，那么每个课节之间，没有前后关联的逻辑关系，只是简单的并列、并行，这就是空间型结构的大纲。

空间型结构多用于讲述知识的课程。它的优点是概括性强、自然灵活、调整方便。缺点是结构相比其他的逻辑结构较为松散，内容前后关联不紧密，不容易持续抓住学员的注意力。所以建议空间型结构划分的课程模块下，尽量不要再次出现以空间型结构来分类的模块划分，可以采用黄金逻辑法或其他结构类型。

第三是渐进型结构：按照流程、步骤线来设计整体课程的一种模式，一环扣一环；项目管理中经常采用这样的时间渐进的流程图，相信大家一定不陌生。

比如我们要策划一个高情商沟通的课程，那么内容就可以按照"沟通方式—沟通内容—沟通技巧—沟通底层心法提升"层层递进，最后达到高情商沟通的技能。

课程内容通过以上 3 种逻辑结构梳理后，相信更容易让学员感受到满满的获得感。

6.4 内容设计

内容设计的 4 个层面，轻松让每一课节都精彩有料

6.4.1 开发线上课程与线下课程有什么不同？

我有很多个人品牌打造课程的学员，他们有着非常丰富的线下培训经验，但是对于怎么开发线上课程内容也很犯愁。这是为什么呢？

因为从线下转线上是一个很大的转型。你的课程内容可能还是那些，可是呈现的方式已经完全不同了。

一、学员听课的场景、形式变了

有的学员向我表示，自己虽然做了 20 多年培训，但这些经验都是线下课的经验和企业内训的经验。学员都是面对面，大家集中时间来学习这个课程，一讲就是 4 个小时甚至两天。在上课的过程中，也不会有其他的干扰。

但是线上课就不一样了。每节课只有 15 分钟，而且没办法面对面交流讨论。最重要的是，学员在听课的过程当中，一

不留神就可能被游戏、好看的电影或别的事情吸引走，受干扰的情况特别严重。

所以，从线下转型到线上，因为课程的形式和学员的听课场景变了，课程的讲法也就需要改变。

二、知识付费行业的演变对课程设计提出了新的要求

2016 年，知识付费刚开始兴起的时候，很多人都不知道自己干了什么，课程就卖了 1 万单，赚到了不少钱，甚至还有很多销量上 10 万单、20 万单的案例。所以在知识付费行业发展的早期，各种各样的个人 IP 都在做自己的课程。由于市场还不成熟，存在课程质量良莠不齐、个人 IP 鱼龙混杂的情况，这一时期可以算是知识付费的 1.0 阶段。

2.0 阶段时，平台发现售卖质量不好的课程会产生一些问题：学员退费，用户黏性下降等。于是课程开始"洗牌"：优质的课程、专业的讲师更受欢迎。知识付费的 2.0 阶段是竞争者之间淘汰和筛选的过程。

3.0 阶段，很多个人品牌经营者们都探讨过，因为知识付费课程能满足的用户需求有限，所以大家开始思考要不要将课程和在线训练合并成体系化的课程。这个阶段，很多人在摸索如何把知识付费课程和高价训练营结合起来。

4.0 阶段，人们发现，只结合知识付费与线上训练营是不

够的，整个产业链条都需要融合。我们需要搭建低价、中价、高价课程，线上线下结合，甚至融入电商。

知识付费演变的过程对我们课程内容的设计提出了怎样的不同要求呢？

在1.0阶段，你可以讲自己喜欢、擅长的选题，课程内容凭着线下培训的经验或者感觉来设计就可以了。

在2.0阶段，慢慢会有一些行业标准出现，比如"得到"发布了品控手册，我之前在"千聊"也和编委会一起撰写发布了千聊的品控手册。

3.0阶段和4.0阶段对课程内容提出了新的要求。首先，在设计内容的时候，不能单单思考知识付费平台用户的需求，还需要思考自己的产品体系规划：初期的低价课程怎么设计，后期的高价课程讲什么内容，中期怎么进行衔接和转化，等等。

有的人可能觉得，后期高价课程的转化不是社群运营该做的事情吗？其实，从学员第一次接触到你，听你的第一节课起，转化就开始了。

普通人通过社群运营来转化，可能有10%的转化率。但是，课程内容经过精心设计的情况下，高价课的转化率可以超过40%，这就是两者的区别。

6.4.2　课程设计怎样才能让用户有好的体验

"免费的才是最贵的。"99元的低价畅销课程是流量入口，需要花最大的力气去打磨。你想想，如果你听了一个老师的课程，觉得内容不怎样，你还愿意学习后面的课吗？相信你不会在同一个地方摔倒。

那怎样才能让每节课程都讲得精彩，一直吸引学员注意力呢？

如果你觉得无从下手也没关系，我会为你提供一个课程内容的设计模板，在模板中，一个课节分为多少个部分，每个部分要讲什么内容，以什么形式呈现，都有清晰的说明。你只要按照这个模板来设计，就可以打磨出让学员满意的单节课程内容结构。

单节课内容设计结构表		
部分	时间比例	要点
开头语	10%	1. 每节课坚持用一个口号，增强仪式感 2. 老师的自我介绍要精简、新颖，与主题相关，侧面描述过往的经历、成就等，凸显老师的权威性，塑造信任感
课程引入		与课程主题相关并且是学员熟悉的内容、故事、痛点或场景，唤起学员的学习动机和兴趣；自然过渡到课程主题，告知学员本节课的知识框架和要解决的问题

正文部分	80%	1. 一节课应该围绕一个主题，开场就亮明，结尾再强调 2. 具体讲解课程内容，要求有足够多的陌生、有效的硬知识，能够实操、落地的解决方案。要在课堂中向学员明确提示课程的重点、难点 3. 以"问题＋方法＋怎么使用＋案例＋总结"的形式呈现场景化应用的例子 4. 课程的难点要有相应的直观场景展示，要有作业、实操等教学方法设计，帮助学员轻松、有效掌握 5. 有意识地在课堂中设计两个以上"嗨"点，即让学员在情绪上体验惊喜、兴奋的点，唤起学员注意力。在课程设计时，提前分析学员何时思考、何时焦虑、何时会有积极情绪、何时容易分神退出课堂。比如，可以加入有趣的故事、老师的自嘲、有一点挑战性和技巧性，经过老师的点拨马上就能豁然开朗的任务、知识、技能点等 6. 有效互动。在重要知识点结束时需与学员互动引发关注，加深学习者的印象
总结语	5%	1. 总结全篇主要内容，给出启发和建议，点明价值 2. 金句结尾，升华主题。适度延展课程内容或升华课程高度，适当留白，让学员有更多思考、探索的空间
作业／课后提问／课后互动	5%	1. 布置经过设计的思考题、作业题 2. 发起动作：让用户完成一个任务，比如提一个建议、寻求一个建议、做一件小事（可以加强老师与用户的连接，长期坚持做类似动作，可以形成的丰富的用户内容产出，作为后续推广的亮点）
结束语		1. 提醒下节课的内容、时间及需要准备的学习辅助物品 2. 突出陪伴感和仪式感

这个课程结构表，是我之前打磨课程的时候常用的内容结构，也是我花了近10万元在各大平台学习头部课程所得的经验，是我在结合心理学、教育学等领域专业知识的基础上总结出来的内容。

另外，我还为大家准备了电子版的单节课内容设计表格，其中详细列举了调动学员学习兴趣的 12 个方法，强化知识性课程讲解效果的 7 种办法，强化技能型内容教学效果的 5 种技巧，有需要的同学可以扫码书后的二维码获取（备注个人品牌）。

6.4.3　如何衡量课程效果：4 个层面提升用户好评

课程生产完之后，要怎么衡量一个课程的效果呢？

目前，知识付费课程开发的领域还非常新，你要善于借用其他领域的经验，跨领域创新往往是非常有效果的。下面介绍一个在培训领域非常经典的内容评估工具，也是我在内容创作时的方向指引。

国际著名学者威斯康星大学唐纳德·L. 柯克帕特里克（Donald L. Kirkpatrick）教授提出的柯氏四级培训评估模式，对我们的培训内容做了 4 个层次的评估分层。

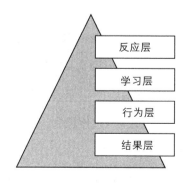

柯氏四级评估体系

一、反应层

也就是学员满意度，课程内容是否能调动学员的兴趣，这是学员对我们课程内容最表层，也是最直接的反应。

二、学习层

也就是学员在听完课程内容之后，在知识、技能方面有没有提升。这是我们要回答的一个问题：学员在我们的课程中学到知识了吗？

三、行为层

学员学习了我们的课程内容之后，他们的行为是否能改进和提升，我们可以问自己一个问题：学员们是否能把课上讲过的知识应用到生活或者工作中？

四、结果层

学员学了课程内容之后，获得的知识或者能力，是否能真正帮助他们在工作或者生活当中拿到特定的结果。比如她学了减肥课，是不是真的减重了，学了演讲课程，会不会因此获得演讲比赛奖励，或者拿到某些合作机会。

为了便于大家理解课程内容设计的细节，这里和大家举几个反例。这也是我们和老师们一起开发爆款课程时，或者一些机构向我寻求咨询的时候经常遇到的问题。

第一，反应层面。有一部分老师认为干货讲得越多越好，时长拉得越长越好。如果你也赞同这个观点，那么你需要留意。没有调动用户的学习兴趣，开场就是一大篇理论，这显然是不行的，应该避免这种情况的出现。

第二，课程内容层面。有一部分人因为时间忙，没时间写逐字稿，所以让课程制作人帮他代笔来写课程内容。

有一位咨询学员的课程在自己的平台销量还不错，后来想要拿到知识付费头部平台去推广，但是被拒绝了。平台表示他的课程内容获得感不够。后来他在"在行"咨询我，想了解问题出在哪里，该怎么办。

他告诉我，因为老师时间紧张，课程内容基本都是他自己撰写的。又因为他对这个领域只是简单了解，算不上专业，所以他查了这个领域的书籍资料，也买了几个该领域的线上课程来听，在这个过程中遇到他认为好的内容，添到课程大纲里。

我问他："你课程内容是怎么设计的呢？这个总不是看看资料就能写出来的。"他说："课程内容虽然难一些，但网上有很多相关的资料，老师以前也做过一些公开演讲，加上一些书里的理论，我把它整理得浅显一些，这个课件就做出来了。"

听他说完，相信大家都明白了问题出在哪里。

你是否梳理过内容的整体逻辑，单节课的衔接是否紧密，有没有真实的案例来辅助解释知识点，课程的重点、要点有没有足够多的强调和说明，课程内容是不是真的让学员有收获，这些都是我们的课程内容中值得打磨的地方。

第三，行为层面。一些课程没有考虑过通过布置作业帮助线上用户掌握某个技能，所以学员学完课程之后不能落地；或者因为对于目标用户不了解，某些内容设置得过于难懂或者太过简单，课程的节奏不适合普通用户的接受水平等，这些都是需要我们去避免的。

第四，结果层面。你有没有设计一些环节让学员把学习成果传播出去，帮助进行课程宣传和转介绍呢？

还记得我们上面说的吗？课程内容对于转化效果的影响非常大。我们可以设置一些转化的环节和话术。如果一个运营转化很厉害的人，可以帮助我们做到20%的转化，再加上我们课程内容的设计和转化环节，这堂课的转化率可以提升到40%。你可以算一算这笔账，业绩翻了一倍。

6.5 爆款训练营
提高用户满意度训练营的 13 个关键环节

对学员而言，要达到行为层和结果层的课程效果，光靠录播课程和社群是不够的。社群付费提供的知识点是零散的，录播课程更像是一本声音形式的教材；而要达到行为和结果层的教学效果，绝对离不开在线训练营。训练营不仅提供了老师讲解、教练反馈、同伴激励、运营监督、结业奖励等服务，还极大提升了学习完成率。学员们也愿意更好地学习，支付更高的价格。

对老师而言，在线付费训练营可以容纳更多的学员同时进行深度学习，扩大了自己的影响力，增强了学员的黏性，所以，有线下训练营和高价产品的老师，在线训练营是引导线上课程转化到线下课程的最佳过渡产品。

那么我们要怎样做服务，才能把线下的课程教学和服务效果搬到线上，让学员正常到课、完课，而且还愿意抢着报下一期或者转介绍呢？这一节就和大家分享做好线上训练营的13个关键环节。

线上训练营的13个关键环节

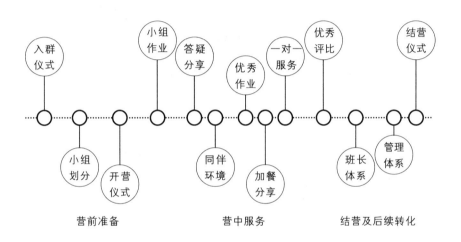

训练营策划的流程分为：营前准备，营中服务和结营及后续转化3个大的部分。营前准备包含入群仪式、小组划分、开营仪式3个环节。

营中服务需要把小组作业、答疑分享、同伴环境、优秀作业、加餐分享、一对一服务和优秀评比做到位。

结营及后续转化中，着重注意班长体系和管理体系的搭建，以及最后的结营仪式。下面我们来分别看一下每个环节具体怎么做。

6.5.1 如何进行营前准备

一、入群仪式，初步熟悉目的

正式开营前，可以邀请入群的学员进行自我介绍，展现各自爱好、特长等，互相认识、了解。

有些人组建了班级群，但是群不活跃，完全没人说话，这其实是因为自我介绍环节没有做到位。大家互相不认识，怎么能愉快地交流呢？所以自我介绍环节的目的，就是提供一个平台，让学员之间产生链接，互相熟悉，为以后的线上学习做好准备。

二、小组划分，增加归属感

小组管理和公立学校班级管理类似。可以将全班 40 个人按 8 人一个小组进行划分，选派组长；每个队都有自己的名字和口号，组长负责带动大家。一个训练营可能有上百人，甚至上千人，不爱在群里互动的学员，怎样才能让他们同样体验到课程的温度？这个就需要分组，让组长发挥带头作用了。

再给大家分享一个小技巧，怎样才能让线上社群和训练营的体验充满温暖呢？你可以给学员布置一些集体作业，让大家每次交小组作业前集思广益和讨论，每个人都贡献自己的力量。在不断互动中，小组成员间的链接就会日益深厚，归属感、价值感和集体荣誉感就会被激发，学员们也会更期待接下来的课程。

三、开营仪式

开营仪式的目的不是讲课，而是让大家更重视这次学习。

首先是必不可少的热场和欢迎仪式，让整个群热闹起来，必要时可以来一场"红包雨"；也可以展露一点才艺，比如在直播时当点赞数到多少时给大家弹一段吉他、唱几首歌等，不仅活跃了气氛，更重要的是可以让用户感受到你是真实的、有趣的人，让用户更容易喜欢上你。

接下来我们可以邀请有经验的嘉宾或大咖来进行训练营相关主题的分享，或者围绕用户痛点开发有帮助的内容。

在分享干货内容的同时，可以展示一下学习后的预期效果，以及如果没有好好掌握后续课程内容，可能会遇到哪些问题。这样做能让用户更深刻地知道后续学习的必要性，学习也会更认真；训练营负责人还可以介绍老师团队和后续课程安排，让学员对线上课程有一个整体认知。

经过这样一次开营仪式，学员将感受到机构和老师的专业性，迫不及待想要好好学习后面的内容。学员们的学习的热情、学习的动力通过一次开营仪式被自然唤起，这也是开营仪式的目的所在。

6.5.2 如何做好营中服务

营中服务要把小组作业、答疑分享、同伴环境、优秀作业、加餐分享、一对一服务和优秀评比做到位。

其中，小组作业、答疑分享、优秀作业、加餐分享和优秀评比其实和我们的线下教育服务非常相似，有线下培训经验的老师对这些一定不陌生。

比如，一对一服务在线下是很常见的，这是续费和转介绍的重要流程，只是有的服务由班主任承担，有的服务由上课老师承担。所以有线下培训经验的老师来做线上教育其实是有优势的。

优秀的线上训练营也把这套线下的方法全部搬到了线上，一个环节都不少，因为线上训练营需要通过各种方式来调动学员的学习积极性。

如何做好营中服务

社群关键动作	作用
知识点回顾	1.回顾上节课的知识点，帮助用户加深对知识点的印象，提升学习效果 2.提升用户的获得感，让用户意识到已经学了很多内容 3.通过知识点引发用户对后续课程学习的兴趣，从而提升到课率

作业点评和讲解	1.通过作业点评帮助用户进一步理解课程内容，提升学习效果 2.通过点评、表扬、小奖励等方式提升参与度和成就感，增加用户满意度
优秀学员分享	1.分享课程收获与真实感受，为后续高价产品转化铺垫 2.带动学员气氛，提升其他学员对课程好评度
加餐分享	提供训练营主线相关的其他干货分享，帮助用户掌握技能并"落地"，增加训练营的干货密度，提升好评，以及增加超值获得感
日常答疑	帮助用户解决实操过程中遇到的问题，为用户答疑解惑
每日学习预告	1.让学员知道每天该做什么，提升到课率、完播率 2.增加社群归属感

6.5.3 怎样做好训练营管理体系搭建

为什么管理体系的搭建这么重要？因为一个几十人甚至上百人的训练营，要想照顾到每个人，真的非一人之力所能及。所以我们需要搭建管理体系来主导训练营的运营和服务。管理体系分为3个部分：

第一，由负责人统筹训练营的整体策划和全部事务，相关的课程内容设计、服务机制设计、奖罚设计等都由负责人来制定。

第二，运营管理团队负责训练营的日常运营，是线上学校的内部教务管理团队，需策划整个训练营的服务与执行部分，指导班长和组长的工作，调动学员积极性。

第三，学员自组织。这类似一个学校班级的学员间的组织，有组长、学习委员等，学员自组织可以根据线上运营需要设置岗位。

·比如组长负责带领小组，收发作业
·学习委员负责整理课程笔记，输出收获和课程感想等，调动大家积极性
·社群管理员负责训练营各个阶段的颁奖典礼和社群活动、暖场等，各个地方都少不了他们的身影

所以一个好的爆款训练营，需要整个运营团队的支撑。为什么有些训练营里学员热情高涨、高价课的转化率很高，课后的转介绍也很多？这其实是我们精心设计、用心做服务去温暖每一位学员的结果！

第七步

变现千万篇

规划产品矩阵，你的
个人品牌价值千万

7.1 产品矩阵
如何规划自己的产品矩阵，找到
可持续的变现路径

我认识一个运营者互联网和创投板块"百万大号"的自媒体朋友，粉丝都是靠原创文章积累下的"铁粉"。3 年前，他带领团队开始探索除广告外的其他变现方式。最初以低价课程为主，定价大多在 9.9 元一节课，多节课就定价 29.9—49.9 元。虽然有的课程购买人数超过 1 万，但整体的营收效果并不好。

课程体系和产品体系设计

产品线	收费	权益	学员	营收
会员	1280 元 / 年	1. 线上线下课程免费参加 2. 会员专享干货文章	1500 人	190 万元
课程	9.9—49.9 元	课程永久学习权限	10000 人	不到 50 万元

两年前，他们开始靠会员产品变现，一年会员价 1280 元。

为了吸引大家购买会员，这个自媒体团队承诺，粉丝成为会员后，线上、线下课程全免费，并且提供会员专享的干货文。凭着公众号长时间积累的粉丝信任和重磅推出的会员权益，这个自媒体团队光靠推文就招募了1500个会员，营收190万元左右。

故事讲完了，其中有没有什么吸引你的地方？请你代入思考一下，如果你有这么多信任自己的粉丝，1280元一年的会员服务一发布就获得了190万元营收，你觉得是赚还是赔？

想得深一点，把自己的答案和理由写在纸上。

其实很多打造个人品牌的人推出的第一个付费产品是很随意的，抱着试一试的态度，这样往往是给自己挖坑而不自知。到后面麻烦越来越多的时候才悔不当初自己当初没考虑好就行动。

我认为上面的案例是亏大了，请看下面4个理由：

第一，一个人交了1280元以后，可以免费听线上线下的所有课程，这代表这个人一年之内不会再有课程板块的新消费。你后续推出的课程总价值可能远远超过1280元，但是因为你的会员权益承诺，统统不能收费。

第二，这批人是公众号做变现的第一批粉丝，你不能伤了这一批粉丝的心啊，所以还得费心费力服务他们一年。做过社群运营的朋友都知道里面的投入，这一年的机会成本和人力成本有多大，你们说这位朋友是不是亏大了？

第三，我认为你的用户不会领情。粉丝付费前和付费后对内容的期待是完全不一样的。付费前的推送文章和低价课程，粉丝认为只要有一点干货就非常满意了，但是一旦付费，特别是高额付费，那些零散的资讯信息就完全不能达到粉丝的期待。用各种低价课程和免费文章去维护会员黏性，这有可能吗？同时，还缺少让会员们坚持下去的激励体系，让他们看到自己成长的回馈机制。所以这样的会员服务在前期还会让用户有新鲜感，但越到后期就越让用户感觉乏味，最后，用户可能连页面都不会再点开。

第四，产品没有经过精细化的设计，你自己都搞不明白产品能帮学员解决什么问题，存在的价值在哪里，所以很难打开新市场。所有市场就只能局限于自己的核心粉丝。当这批粉丝消耗完了，运营之路也就走到了尽头。记得时刻问自己，能给客户提供的价值在哪里。

产品体系的设计必须帮助用户解决某个问题，效果最好能超过付费时的预期。你还需要做好成果外化，让会员们感受得到自己的收获，才可能有好评口碑和品牌传播。

对某些人来说，200万元是一笔很大的收入，但你这200万元，不光要服务一年，而且这一年的服务还不讨好，得不偿失。那会员产品和课程是不是就不好呢？

也不是，关键是要提前做好自己的产品体系设计。好的产品体系设计是个人品牌持续收入的保证。接下来让我们看看应该如何行动。

7.2　用户成长

产品体系设计的 7 架马车，让用户跟着你走

下文将详细阐述一个个人 IP 产品矩阵中常见的 7 种产品形态，深入理解它们各自的特点和优势，帮助大家将各种不同类型的产品搭配成有机的产品体系，达成你的用户服务、营销和收益目的。

知识付费的产品矩阵

7.2.1 引流产品设计

什么叫引流产品？就是为我们带来流量的直播课、付费社群、低价课、赠送的电子资料等产品。比如引流产品中的引流课本质上是一种前端产品，通常以低价的形式降低学员前期的体验成本：0元直播、1元、9.9元等扩大用户的入口，让更多的人进来了解我们，为后续高价产品提供最大的转化基础流量。

引流产品同时扮演着把第一批用户转化到后续产品的重要角色。引流产品的设计对后续的转化效果影响非常大，是整个体系中非常重要的一环。

7.2.2 系列课设计

系列课是当前很多线上个人品牌主要的营收来源，形式灵活多变，价格一般不高，容易被接受，适合打造爆款课程。系列课一般是针对特定需求开设的主题课，和我们深入学习某个方向的系统课或训练营有所区别。比如系列课一般定价99—199元，12—30个课节，每节课20分钟以内，基本很少提供服务。而深入系统学习某个方向的系统课（也就是训练营），一般定价500—5000元，课节比较多，每节课时长更长，会提供很重的服务。

好的系列课产品设计和包装有 3 个倾向：

第一，能直观地告诉学员你学习之后能得到什么。

第二，这个课程的定位不可以是"3 招教你服装搭配"，而应该是"3 招教你职场气场穿搭"这种符合场景化需求的定位。

第三，人群导向。中价课一般都针对某个细分领域的特定需求，太过宽泛的选题很难吸引人。

比如新榜邀请我联合开发的"线上畅销课程开发实操"就是一门系列课。

7.2.3　训练营设计

在线付费特训营的本质是通过线上的形式提供完整的教学服务。训练营与普通课程的区别在于它融合了教、学、测、练、评和学习氛围等教学服务，并且课程内容经过精心设计和有机组合，能够更大程度上帮助学员把知识内化为能力，达到比预期更强的学习效果。

训练营这么好，那是不是所有人都适合做训练营呢？

我认为做训练营至少要满足这几个条件。

第一，课程内容优质，能产出体系化的课程。你的训练营能给学员带来什么价值，是最根本的问题。训练营如果是靠流量分销招生，也许你能招成第一期、第二期。但是如果没想好你的训练营怎样给别人带来核心价值，你一定会耗尽粉丝的能量，这是非常糟糕的。

第二，必须是刚需的内容方向，目前比较好做的还是 Excel、PPT、销售、理财、英语、健身等刚需技能性的内容，这个群体的购买欲望更强，也更容易看到学习效果。那么情感类、职业规划适合做训练营吗？我认为这两个方向可以利用训练营的形式再转化到更高价的一对一咨询服务上。因为这些类目，训练营是他们实现转化的方式和过程，可以为他们批量带来生源，建立品牌口碑。可是真正盈利的还是后续的高价个性化服务。

第三，和传统教学不一样，做训练营的老师一定要有个性、有"梗"，有亲和力，让学员能够放松下来和老师互动。老师甚至还需要做表情包、金句卡片、个性海报，秀才艺，这样才能"圈粉"，提高学员黏性，让他们不想走。

目前训练营的知名产品还不多。我预言未来一年，各个类目的训练营都会出现头部品。如果大家要做，就要抓紧卡位，争取让自己的训练营产品成为所在类目的第一，以后就会有越来越多的合作机会找到你。这是知识付费的第二个风口。

7.2.4　私房课与会员

这类产品有许多名字：总裁班、弟子班、终生会员等等。

无论叫什么名字，它的第一个特点是贵，收费很高，所以也是个人品牌利润的来源之一。私房课为了真正帮助学员全方面掌握某个领域的知识，往往需要投入大量的教学和运营成本；同时为了保障私房课教学效果和后续的口碑，私房课和会员一般都会设置审核准入机制，实行小班制。

7.2.5　答疑课与充电课

答疑课是个人 IP 在提供产品服务的过程中，集中为学员解答疑问的课。答疑课一般有两个目的：

第一，集中为已付费用户做问题解答，降低服务成本，不用逐个回答。

第二，利用答疑课做二次转化。

你可以在答疑过程中用学员的问题强化学员对自己生活和学习中痛点的感知。可以在答疑课中表扬之前的优秀学员，指出他们的进步，塑造后续高价产品的价值。答疑课对于转化已购买引流产品的用户，维护长期用户的黏性非常有帮助。

充电课在整个产品体系中也起着非常重要的作用。它可以是和我们主线的产品密切相关的附属产品、附属直播分享或课程。

给你举两个例子：一是，比如你是做瑜伽服售卖的，除了日常宣传推广你的瑜伽服，你可以在社群做一些瑜伽学习、体态调整相关的知识分享；二是，如果你是讲阅读写作的，那么充电产品可能就包含如何做笔记、时间管理、知识体系梳理等干货内容，他们可以帮助学员更好地发挥主线产品的作用，同时让用户感受到你的专业度和全面性，更放心地把自己交给你。另外，充电产品也可以帮助保持学员的活跃度，增加线上收入。

7.2.6　电商带货

如果你不是一个擅长输出知识和干货内容，却有着很强的感染力的人，周边的朋友都喜欢在购买商品前来询问你的建议，那么你可以选择走电商带货的方向。

有一位宝妈想找我学习打造个人品牌的方式。因为平时要照顾小孩，她看了不少育儿类的书籍，于是想要开发自己的知识付费课程。我表示你现在的背书和知识储备还不适合开发线上课程，但是因为你有育儿和妈妈类社群的流量基础，可以通过在朋友圈、社群、短视频等地方打造个人品牌，然后推荐你觉得好用的教育产品、教育硬件、益智启蒙玩具、图书、亲子旅游等产品，赚取产品分销佣金。

学员说这个模式很好，但是自己没有供应链，所以我给她链接了一个有上千个优选 SKU 的线上平台，一步步帮助她晋级成为这个平台的二级分销商，现在她每个月的营收好的时候可以达到 10 万元，未来还有更进一步的发展空间。

7.2.7　个人 / 企业咨询

你有为其他公司或个人提供过付费的一对一咨询和服务吗？

当你的个人品牌逐渐被人认可，就会有学员或企业主动找你合作，这个时候为他们提供付费咨询就是一种可考虑的产品形式。

上面 6 种产品是个人品牌变现时常用的几种产品类型。当然，我并不是让你逐一尝试这些类型，而是建议根据自己的强项和优势有选择地设计。

从用户角度来看，产品体系设计的核心就是为用户成长提供长期支持。不能仅用低价产品解决表层的焦虑，还要提供产品体系真正解决用户在工作和生活中遇到的问题。你可以提供服务和实操步骤帮助大家更好地掌握知识，提供良好的学习氛围和社群让大家互相鼓励，甚至连学习过程中要用到的服装、道具也可以提供购买链接以方便学员购买。让学员有所成长，有所突破，这才是一个长期赛道的真实价值。也是每一个细分类目的机会，通过低价或免费的产品引流，目的是建立起年入千万的细分领域垂直品牌。

7.3 阶段设计

个人品牌打造的不同阶段适合不同的产品搭配

个人品牌的发展阶段不同，所适合的产品矩阵是不一样的。一般来说，可以划分为以下5个阶段：

·阶段一：引流产品+咨询（适合1—3个月个人品牌打造初期）

·阶段二：引流产品+咨询+课程（适合3—6个月个人品牌打造发展期）

·阶段三：引流产品+咨询+课程+会员/私房课（适合6—12个月个人品牌打造进阶期）

·阶段四：引流产品+咨询+课程+会员/私房课+电商+分销合伙人（适合12—18个月个人品牌打造收获期）

·阶段五：引流产品+咨询+课程+会员/私房课+电

商 + 分销合伙人 + 投放（适合 18 个月以上个人品牌打造成熟期）

阶段一：引流产品 + 咨询

举个例子，当你刚开始打造个人品牌的时候，别人都还不知道你是做什么的，你的产品和内容也都还没有梳理好，这个时候其实最适合通过引流产品转化咨询。比如你可以靠免费直播、社群分享、线下活动等建立信任度，让别人知道你是做什么的。刚开始肯定不会有很多人来找你咨询或者合作，所以每一个找你寻求帮助的人，你都要耐心地一对一沟通，尽全力为他解决问题。你可以在这个过程中了解用户的需求，收集用户的痛点，为后面开发其他产品做准备。

阶段二：引流产品 + 咨询 + 课程

在深度沟通了 30—100 个用户后，你已对用户的需求有了初步的感知和判断。这时候你就可以开始设计自己的产品体系了，根据自己和用户的几本情况，判断自己适合走电商方向还是知识付费方向。可先推出 1—2 件产品，比如第一个入门的训练营。第一个产品的定价最好不要超过 1000 元，因为大家对你的信任度还没有那么高，直接转化高价产品容易流失客户。

阶段三：引流产品＋咨询＋课程＋会员／私房课

假如第一期产品服务比较顺利（比如第一期训练营通过自己的朋友圈就招募了 20 位学员），那么在训练营结束之前，你要和每一位学员深度沟通，收集学员的需求。之后你可以根据这些需求来设计自己的高价产品，争取全面解决这部分用户的问题。

以我的线上课程开发实操课为例。通过和学员的沟通，我发现只学习课程开发的方法还不够，他们需要的是一整套个人品牌的打法，以及对应的平台资源支持、同伴环境支持、答疑及个性化服务。为了解决他们的问题，我们推出了个人品牌打造的私房课服务，为学员提供全方位支持。

阶段四和阶段五就是在主体的产品体系搭建完成之后，逐步加入电商、分销合伙人、投放等环节，拓宽自己商业模式的护城河。

有很多个人品牌学员在跟着我跑完电商和合伙人体系搭建的一系列步骤后，特别感慨地表示，电商和合伙人体系的威力简直太大了！不需要额外的投入和时间，利用现有用户就可以让营收增长一倍以上。

我有一位从 2019 年起就跟着我从零做线上课程的学员，我和她用了两年的时间，针对不同人群的需求搭建了自己的线上课程体系。今年，产品线慢慢拓展至电商和线下领域。目前，她仅是线上的半年营收就已经达到上百万元。

和其他从零开始打造个人品牌的人相比，这位学员的能力更高吗？她在线上领域的积淀比其他人更深厚吗？并没有。

她只是比其他人看得更远一步。大家都还在犹豫观望或者拖延着不愿意打造个人品牌的时候，她毅然关掉亏损的线下工作室，全力做线上个人品牌，开发自己的付费课程；当大家都还停留在如何打造一门爆款课程时，她能听从我的建议积极为自己设计课程体系和产品体系，尽全力服务好引流过来的用户，培养自己运营助手。

现在，当其他人都还只看到个人品牌这个趋势的时候，恭喜你已经提前看到产品矩阵的机会，并且可以先人一步行动起来，值得为自己鼓掌！

我们的个人品牌孵化计划后续也会持续推进。除了个人品牌打造一对一辅导、课程开发指导，也会在产品矩阵设计上，甚至在全网平台资源上实施具体赋能，帮助大家打造年入百万甚至千万的爆款IP。

第八步

事业基石篇

组建黏性社群，与你的粉丝一起
开启无限可能

当粉丝通过你的直播、短视频、图文等各种方式陆续添加你的微信，当用户不断购买你的各款产品，你会不会想：怎样运营才能把新添加的用户转化为付费用户？如何去管理这么多购买了不同产品的用户，提高复购率和客户的终身价值呢？

或者，你有没有遇到这样的问题？有学员在线下课问我：我们是一个垂直公众号，最近不知道为什么变现越来越差了？虽然后台有 32 万的粉丝，但是现在课程报名人数急剧下滑，参与人数不到 500 人，一场直播收入不到 1 万元，甚至不到之前的五分之一。我们公众号的用户非常垂直和精准，售卖的都是刚需类的高客单价课程，初阶课程就要 3000 元／人。其他同行现在一场直播营收可达 5 万—10 万元，我们的数据为什么会越来越差？

这里先和大家讨论一下"粉丝消耗"的概念。一个平台或者垂直公众号所能承载的产品推广效果是有天花板的。如果这个产品的推广不能带来更强的黏性和新粉丝的加入，那么通过这些产品推广赚到的钱就是消耗粉丝的快钱。表现就是刚刚说的：报名人数剧减，社群不活跃，公众号掉粉严重，转化率降低，等等。等到某一天，你把自己的粉丝消耗完了，你的产品也就卖不出去了。

可是不推产品的话，收入要从哪里来呢？这就是这节内容要解决的问题：有什么办法既能推产品，又不会消耗粉丝，甚至能让粉丝黏性越来越好、粉丝量不断增长？这样就建立了一条良性的可持续的发展道路。

如果你也想找到这些问题的解决办法，那么接下来我们就从社群分层、社群转化体系和服务体系 3 个方面来一起分享和行动。

8.1 社群分类

想要做好社群，不可不知的 5 种社群分类

8.1.1 用户 / 社群分层成长体系

做个人品牌，一定要做微信社群。为什么这么说呢？

只有做了社群，你和学员之间才会有更好的连接，才会真正了解学员的痛点和学习过程中的问题。比如我们的 IP 孵化营社群，就花了非常多心思去运营和交付。用户除了在社群里学习方法论之外，也可以把学习和实践过程中遇到的问题随时发布出来，这些问题在群里会得到及时解答。与此同时，我们也会把全网的合作机会公布在群里。社群成员有新的成果也会在群里去分享，大家会互相鼓励。

那我们要怎么做好社群的运营呢？

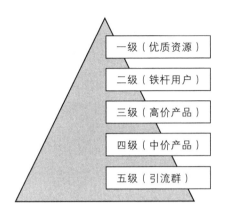

社群分类 / 分层运营体系

第一，社群需要分层运营。我们把社群分为5个类别 / 层级，不是所有社群都是一样对待的，潜在用户的社群、引流产品的社群、信任产品的社群、利润和复购产品的社群运营的目的和重点都不一样。用户成长体系大概就像上面的金字塔，从潜在用户、引流用户、信任用户、利润用户、复购用户、再到终身铁杆用户和资源型用户，都需要区别对待的。

第二，社群分层的底层逻辑是用户的成长体系，从陌生的潜在用户、引流群中建立了初步了解的用户，再到成长为有信任和成交关系的客户、愿意购买高价产品的客户、一直支持不断复购、再到终身铁杆用户和资源型用户，这就是一个用户的成长体系和路径。这里面的每一种类型的客户都需要区别对待。

第三，社群都是有自己的定位的。有很多个人品牌者觉得自己的社群在课程结束之后就"死"了，一直找不到原因。其实社群的定位决定了社群的生命周期。一个定位为"21 天学会服装搭配"的群生命周期可能就是 21 天，一个定位为"魅力女人塑造"的群生命周期可能长达几年。

社群的定位和产品体系，以及我们怎么看待用户有关。如果我们心里只想着让她快点购买 199 元的产品，比如一套课程或者一件衣服，那么她买了产品之后就会离开。如果我们心里想要通过一系列的产品和陪伴，向我们的粉丝分享精致、美丽的生活，帮助她们真正获得美的能力，那么单单靠 199 元的产品肯定是不够的，还可能需要 3000 元、1 万元的产品，系统地教她们方法，提供各种支持。

定位不同，社群的内涵就不同。如果你的定位是美的传播和享受，社群里讨论的话题就不应只是产品销售或课程范围内的问题。大家还可以把自己的日常搭配发到群里，征求群友的意见；看到杂志上好的穿搭，也可以分享进来，这样，社群的生命力会更强。

总之，社群应该是贯穿整个用户运营流程里的。不同层级的社群应该有不同的定位。大家可以想一下自己的社群有没有分级？各自的定位是什么？是帮助他们"7 天练好钢笔字"呢，还是设定一个更长线、更偏价值观引导的目标呢？

8.1.2 高转化的底层逻辑

很多人的认知里存在一个巨大的误区：信任感只能在长期接触中产生，所以用户要"养"很长一段时间，才能实现转化。但事情真的是这样吗？

想一想，你平时是怎样感知一个人、一家机构的？你会发现，帮助你建立信任感的不是时间，而是一些关键细节。

也许你是在无意间浏览到了这家公司的推文，发现他们的推文排版细致，写得很专业，而且不乏人情关怀。连续读了几篇下来，感觉不错，你也许会认为这是一家做事用心、有原则、有专业水平的机构，对他们的初步印象非常好。

接下来，你跟随着推文的指引加入了这家公司的社群。你发现导师会积极帮群组成员回答问题，分享干货资料进群里，群成员对讲师非常认可，甚而且会分享自己用了这个公司的产品后的效果，并且配上图片。

你觉得这是一个非常有温度、备受信赖的公司。于是，当你看到推文里推送了一款你刚好想买的产品，并且还有限时折扣时，你毫不犹豫地下单了。

塑造信任感的关键不是时间。就像追女生，用时间战术是最无奈的选择，成功概率也不高，这其中的关键是学会展示你的价值点。

那么高价值有哪些关键点呢？比如：

· 这个产品能给我带来什么回报，能解决我什么问题？

· 产品质量怎么样？

· 讲师、产品的制作人是否专业？

· 产品的售后服务靠谱吗？

· 价格为什么这么贵？

· 我需要现在购买吗？

· 市面上有质量更好、价格更便宜的产品吗？

……

用户购买前的疑虑就是运营转化的底层逻辑，这也是我们在做运营设计的时候要努力展示给用户的价值点。通过展示它们，我们能获得用户的信任和投票。

8.2 转化体系

5 种运营技巧，高效提升社群的转化率

8.2.1 低价引流群的运营技巧

低价引流群可以理解成引流产品对应的群，比如因为一场免费直播所建的群、购买了某个引流产品，为了留住这部分用户而组建的群等。里面的学员对你还不是特别熟悉和认可。转化群的生命周期最短，一般 1 周后就没有多少活跃度了。不太建议我们的老师花费很多力气来运营我们的转化群，因为实在太累了。

我们可以把转化群的生命周期定位在 1—2 个星期。以免费直播课为例，从课前 2 天左右建群，到转化完成大概是 1 周的时间。转化结束之后，为了避免其他人在群里乱发广告，或者私下添加每一个人，给群员造成不好的体验，可以把转化群

解散掉。

如果你的粉丝不是很多，那么可以不解散，但是要做好日常维护，发布一些对群员有益的干货资料。另外也可以定期在群里发一些优惠券信息、课程信息、成功事件等，作为一种品牌宣传。到后期社群规模越来越大之后，可以采购一些机器人统一管理降低运营成本。

如果你不喜欢这样工具批量管理的方式，还有一种方式可以选择——把粉丝沉淀到个人号。你可以在建群前让用户统一先加助教，再由助教在统一时间点建群，这样用户就同时沉淀在助教的个人号以及社群里了。转化完成解散群之后，你还可以通过朋友圈触达到这部分用户。

那转化群要如何运营才能提升转化率呢？这部分内容我们在第二节展开详细介绍。

8.2.2 中价信任产品群的运营技巧

信任产品社群的维护重点，是产品的超值体验以及利润产品的转化。比如你的信任产品是一个 199 元的线上训练营，那么你的目标就是提升这个训练营的用户体验、课程完课率和高价课的转化。

如何提升信任产品的用户体验和转化率呢？你还记得我们

第六章"百万爆款产品打造"中关于训练营设计的方法吗？你完全可以用起来。另外，在如何提升用户从信任产品向利润产品转化上，也和你分享几个非常实用有效的方法：

第一，私聊群成员，培养核心粉丝：只有你了解群内成员真实的情况，你才可能给出真正实用和有价值的建议，用户也才会相信你是用心在为他们服务的。

你需要在沟通的过程中至少了解用户下面5个方向的情况，为高价利润产品用户和核心骨干群用户的筛选做准备：

一是用户基础信息：姓名、年龄、职业、地域等。

二是用户现在的真实情况：比如一个希望跟着你成功瘦身的用户，你需要通过一次全面科学的身体评估，了解对方身体情况和各个方向指标。

三是用户的动力来源和核心目标：比如这位想要跟着你成功瘦身的用户，是什么激励着她来找你想要瘦身？是医生告诫再不减重就有很大的健康风险，或者是希望改善夫妻关系等原因？这位用户的目标是希望减重到多少斤呢？

四是困扰用户的问题是什么：既然她这么想要减肥瘦身，为什么当前还没有瘦下去呢？有哪些困难或问题严重地阻碍了用户目标的实现？

五是用户以前为了实现目标做过哪些尝试,付出过什么代价？

打造个人品牌的过程中，我们常常在线上跟用户沟通。有很多学员在跟我学习之前，都觉得自己离用户特别远，既不知道用户是做什么的，也不知道用户为什么来找自己，更不知道社群里的成员们有什么故事。上面的5种情况了解下来，你就能真切地代入式地感受用户的真实情况，这些也是你做高价产品设计和转化时的灵感。因为你的高价产品就是要帮他解决上面的问题的。

如果购买你中价信任产品的用户已经很多，没办法逐个聊这么多信息，那么你可以通过问卷调查来批量完成这些信息的收集和学习。总之，信任产品群运营的第一要义就是足够了解你的用户。

第二，部分高价利润产品的核心价值点露出：比如你的高价利润产品是私房课，那么你可以精选几张课程PPT、课程干货资料等发布给购买了信任产品的用户，让用户感受到高价利润产品的价值，提升想要购买的欲望。

第三，高价利润产品用户的进步宣传：有哪些使用了高价产品的用户取得了明显效果和进展？将这些效果和进展分享在信任产品社群，可以增加用户对高价利润产品的信任和向往。

第四，设计各项福利赠送，提升信任产品的获得感和超值体验。

第五，在高价利润产品宣传报名的时候，可以给购买了信任产品的老用户一部分独属优惠和折扣，增强用户的黏性和认可度。

总之，你需要做到以下 3 点：第一，深度了解你的用户；第二，每个中价信任产品的群，最好都要发展出 5 个以上自己的铁杆粉丝，也就是非常认可你的用户；第三，不要在中价信任产品的群里粗暴地做高价产品销售转化，你要像设计低价引流课的内容一样去设计这个中价产品的内容和社群服务，让用户非常自然地意识到自己需要购买高价产品。

8.2.3　高价利润产品群的运营技巧

高价利润产品的核心是获取利润，同时帮助我们真正培育终身型标杆用户。比如你的高价利润产品是私房课，那么你的目标之一是获取营收，其次就是培养标杆学员，你需要切实帮助用户获得成功，让其他人一听到他们的故事就想要跟着你继续学习。

这部分人是真正认可我们的人，后续还可以一起做许多有趣的事。比如一起出书、成立线上的社群组织，又比如策划线下的见面会，请他们做线下课程的执行负责人等，这些用户是我们真正要去珍惜的。

所以你要付出足够多的时间精力来服务这部分用户，让他们获得切实的收获和成长。人与人之间永远是真心换真心，你用心为他们付出了，他们自然也会愿意来支持你，不管是主动帮你做宣传扩大影响力，还是帮助你为其他学员答疑和作业批改，甚至因此结缘成为你长久的合作伙伴都是有可能的，精彩的故事可以一直持续下去。

我个人特别喜欢为高价产品的用户提供强有力的附加价值，因为很感谢他们对我的支持，所以有什么好的机会和资源也都会优先提供给他们。比如抖音、小红书、千聊、荔枝微课等各大平台的官方合作机会或者一些行业性有影响力的直播项目等，都会优先同步给私房课学员选择。

这些机会可以大大加速学员个人品牌的打造和变现进度，这也是为什么大家觉得我的孵化营非常超值的原因。

8.2.4　核心骨干群的运营技巧

社群的核心骨干就相当于你半个联合创始人。他们不仅是你前进路上的左膀右臂，更是你迷茫时候的精神支撑；你们有相似的价值观和愿景，激情满满，期待一起去开创更大的事业。

所以核心骨干社群的运营，最关键就是共创出好的方向，然后各自分工去执行，在执行的路上遇到问题，你再给他们足够的赋能帮助他们成长。同时一定要提前做好利益分配，也别忘了阶段性给你的左膀右臂颁发一些荣誉和奖励，得到你和社群其他人的认可会让他们更有幸福感和归属感。

总之，我们的社群就是他们的家。不管是线上活动、线下聚会，还是品牌周边策划等，有什么好玩的事儿叫上他们就行了。

8.2.5 高转化群发售流程

因为用户群已经按照核心骨干、高价利润、中价信任和低价引流进行分层运营，在推广新产品的时候，可以按照这个层级顺序依次进行新产品的发布，更有利于产品影响力造势和推广效果的最大化。具体行动如下：

一是核心用户群首发：一个产品上线之后，首先以最优惠的价格先给到核心用户群，比如核心骨干和高价产品群，这部分用户对你最为信任。你应该实打实地给到他们回馈和特殊福利，这有助于让这部分高认可度的用户帮你去自发传播，并且在体验之后积极为你写口碑好评。

二是高黏性用户群第二轮宣传：通过核心用户群的首发积累第一批口碑后，再去黏性比较高的中价产品群进行第二轮宣传，同时也可以邀请核心骨干群的用户来参与到产品的推荐当中来。

三是其他用户群第三轮转化：配合前两轮的口碑积累以及阶梯性涨价策略，集中在剩下的用户群进行曝光，并推广即将涨价的信息，促进购买转化。

四是朋友圈扩散：通过前期推产品的反馈，汇集大家好评及体验，以朋友圈文案的形式，第三次传播，并用一条接一条的好评来打消用户购买的顾虑。

五是结合分销：针对核心有分销能力的用户开启分销权限，协助做好分销文案以及海报，完善分销激励政策，形成闭环。

8.3　社群进阶

百万大 V 都在用的社群运营方法

8.3.1　做好目标管理，提升社群转化率

管理学大师彼得·德鲁克提出："并不是有了工作才有目标，而是有了目标才能确定每个人的工作。"道理虽简单，但是很多人都做不到，因为他们认为自己很难明确目标：一场活动有多少人参与、一堂课有多少人报名、社群今天有多少转化率等都不是自己说了算，要怎么做好目标管理呢？

如果你也有这种感受，那你一定是创业新手。其实数据化是所有创业者甚至是职场人必不可少的一种思维和做事习惯。一个月有多少产出应该是一件可预估的事情才对。量化的目标有以下 3 点好处：

一是观全局：制定目标需要我们跳出来思考，这个过程可

以帮助我们站在更高、更全局的位置思考当下的运营情况，找到工作的重点，不会顾此失彼。

二是团队配合：有了目标，团队的工作会更清晰和更有导向性，大家为了一个共同的目标努力，达成时也会有更强的成就感和团队凝聚力；大目标拆解到各个板块的子目标之后，团队之间也更能协调配合。

三是自我超越：如果我们想要把这份事业做大，那么转化跑通后要做的第一件工作就是指定制定可量化的目标。只有这样才能在以往的运营转化数据上实现自我超越。

一、营销漏斗

在制定目标之前，先来了解一个概念：社群营销转化漏斗。

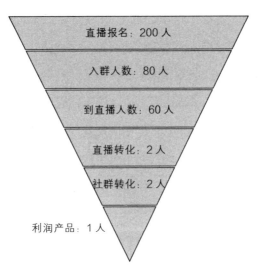

直播报名：200 人

入群人数：80 人

到直播人数：60 人

直播转化：2 人

社群转化：2 人

利润产品：1 人

用户成长／分层运营体系

用一个例子来说明：如果有 200 人报名你的直播活动，其中 80 人进了你的社群，直播时参与观看人数为 60 人，最后有 2 人在直播间购买了你价值 1000 元的信任产品，2 人在社群购买了你价值 1000 元的信任产品，一个星期后，购买了信任产品的 4 人中有 1 人购买了你 1 万元的高价产品。那么，你的营销漏斗数据就如上方的倒三角形所示。

·直播活动报名人数：200 人

·入群率：80/200=40%

·到直播率：60/200=30%

·课程转化率：4/200=2%

·二次转化率：1/4=25%

这就是社群运营的营销漏斗，它就像汽车的仪表盘一样，可以清晰地反映出社群运营的全盘情况。

如何用社群营销漏斗来为自己或运营团队制定目标呢？当你跑过 2—3 次直播活动和社群运营流程，你就会有一个相对稳定的转化数据，把这些数据按照上面的倒金字塔填进去吧。

这个时候，你就可以对比行业平均水平来分析自己哪些数据是完全可以提升上去的。以上面例子中的数据为例，比如行业平均到直播率是 50% 以上，我们之前为一位知名记忆力老师策划的直播到课率更是到了70%以上，那么你现在的30%的转化率就很有提升的空间。这个时候，你就可以通过各种方式来提升各个环节的运营数据，最后成倍提升你的运营转化率。

二、过程指标与参考标准

关键指标名字	含义	参考标准
销售阅读比	公众号推文带来的销售额 / 阅读数	1—3
到课率	课程到课人数 / 课程报名人数	50%
直播转化率	从直播或社群中购买正价课的人数 / 课程报名总人数	8%—12%
页面转化率	看到课程详情页面后购买课程的人数 / 页面浏览量	20%—45%
课程的完播率	听完课程内容的比例	60%—90%
作业提交率	提交作业同学人数 / 报名人数	30%—70%
好评率	对课程好评的人数 / 报名人数	80%
二次转化率	购买信任产品后，二次购买高价利润产品的比例	40% 以上
转介绍率	老学员转介绍报名的人数 / 总报名数	20%—60%

三、目标制定

以上面例子中的数据为例，做一场直播活动，整体的营收是14000元（1000×4+10000×1），那么下一次直播的目标就可以设置为比上一次直播略高30%的比例去做，也就是下一次直播要达到18200元，具体落实在行动时，你就要去思考：

一是要用什么产品来达到18200元的目标，每个产品成交多少？

二是为了达到上面的成交目标，购买中价信任产品的应为多少人、参与直播的应为多少人、进入社群的应为多少人？报名直播应为多少人？

三是比起上一次直播，有哪些环节的数据是你可以去优化的，你有哪几个优化和测试方案？对应的运营数据要争取达到多少？

转化目标金额	课程产品拆分	单价（元）报名人数	人群拆分	转化拆分	免费直播课需要多少人	需要的广告位
10000	某课	500×10	1. 新流量 × 人 2. 已有意向客户 × 人	1. 直播课转化 × 人 2. 社群转化 × 人	300	
	某课	100×50	1. 新流量 × 人 2. 已有意向客户 × 人	1. 直播课转化 × 人 2. 社群转化 × 人	300	

这样一分析目标，接下来要做哪些事情，怎么做，做到什么标准就都清晰了。当这次直播结束之后，就可以再一次进行数据分析，不断优化和突破自己的社群运营流程。

8.3.2　巧用群活动，完成社群裂变与成交

活动是有分类的，帮助我们达成运营上不同的目标。活动

至少分为以下 3 个种类：

一是拉新活动：如果你需要增长新粉丝，那么可以设计一些可以拉新的社群活动，比如在第五章和你分享的裂变活动。

二是促销活动：如果直播间已经积累了一批粉丝，大家对老师也都很认可，但是第一批认可的人基本都买了产品了，剩下的一部分人因为价格原因一直观望，那么你可以用一些促销和活动去转化老粉丝。

和大家强调的一点是，促销很难达到说服陌生用户付费的目的，用户的说服工作应该在抛促销政策前就搞定，促销能达成的效果更多是为了让认可你但是想要以后再买产品的用户不要犹豫，马上下单，在临门一脚的时候帮助他做决定，解决怎么卖得更快的问题。

三是福利活动：合适的福利活动设计可以增加用户的黏性。比如一位个人品牌的老师在设计感恩节活动的时候，没有做什么宣传页，也没有大搞活动，这位老师只是在他的社群里说了内部送福利，当天社群就收到了 2 万元的红包，而且大家都很感恩、很开心。这个就是一次成功的福利小活动。

下面就简单介绍一些常见的活动形式及其活动策划的注意事项：

第一是如何用活动拉新。

（一）团报促销玩法也就是"任务宝"玩法，可以在产品的后台开启拼团。拼团人数控制在3人比较合适，3人成团后报名费可获得一定金额的优惠。策划得好的话，流量转化率是会提高的。

（二）老用户互动传播拓新：布置作业检测用户学习效果的同时，营造分享的氛围；邀请优秀用户分享成长感言、优秀作业、课后收获，既可以分享在群内，也可以是用户朋友圈、微博、公众号留言带动传播。

（三）设置直播间优惠券奖品，奖励也可为书、奖学金或者成为老师助教的资格。

（四）渠道合作：主动开拓公众号或其他渠道资源提供软文推广的直接分成，也可以考虑叠加任务宝等粉丝福利，把新粉丝吸引到直播间。

第二是促销活动有哪些注意点。

（一）价格要有梯度和规划，不是每个产品都是降价促销。我们的产品分为两类，一类是普通产品，是可以折扣卖出去的，一类是品牌性产品，不能随意降价，反而应该不断升价的。

（二）整个产品折扣要有规划性地做，不能太随意和太频繁。随意会让用户即便认可你和你的产品，但是她还是不购买，因为想等着打折，降价的时候再买。

第三是如何用促销活动转化旧粉丝。

（一）限时优惠玩法，一般和直播课配合使用，可以做一个双十二的粉丝答疑或福利课。

（二）优惠券玩法：适合做2000元以上的高价课转化跟踪。

（三）VIP玩法：VIP月卡优惠大促。

活动举例：双十二期间，VIP月卡优惠大促，原价500元的VIP月卡现价只需要288元，只需288元即可实现一个月内全直播间课程免费听，288元海量知识来袭，你还不抓住优惠？

第四是如何用活动增加黏性。

（一）稀缺性促销法：这个很容易理解，某个线下活动只招30个人，再报就要等下一期。

（二）干货礼包玩法：干货礼包（书或线上资料或老师签名书）送不停。

活动举例："双十二"期间（12月8日—12月15日），凡是消费满299元的学员即可获得大礼包一份（礼包形式多样，可为书、笔记本或线上资料等）。

操作：用户购买后添加小助手，将付款截图发给小助手，小助手获取用户地址信息后寄出大礼包。

总之，活动的形式是有很多的，关键就是选择好适合自己需求的活动，灵活运营自己的社群。

致　谢

这本书能与大家见面，实属不易，背后是众多人的贡献。

感谢一路给予我关爱的前辈和老师，秋叶大叔、鉴锋、卢战卡、廖仕健、李铁男、薛院长、刘映东、雷志军、噜啦啦、张恒、任博、高景春、欧阳中铁、卢俊、方军、唐敬之等，此处无法一一穷尽，我的成长离不开你们的指点和大力支持，满怀感恩。还有无论过去多久，都印在心里的李双老师、邢文志老师、王学林老师、张显英老师、黄东林老师、叶子老师等，因为你们美好的教育理念，改变了我的成长轨迹，也唤起了我对教育行业的无限热爱。

感谢时代华语的编辑团队，与时代华语的合作令人愉悦，因为诸位的专业精神和专注的投入，使这本书的内容能够不断迭代精进，以更好的体验面向读者。

同时，我也要感谢给予我支持的每一位老师，徐熠老师、郭玥老师、姬广亮老师、刘主编、刘恒老师、邱邱老师、阿布老师、杨明泰、优的爸、熊明俊、李轩洋、冀连梅等，我无比珍视你们的信任和彼此结缘的机会，我会继续努力不辜负大家的信任。

不知从什么时候起，身后传来很多这样推动我前进的温暖和能量，心中只剩感恩，这也让我的勇气更坚定和更有力量——不忘初衷，砥砺前行。

感谢鼓励和支持我把这本书坚持写完的家人和朋友：我的爸爸妈妈和弟弟、唐丹丹、李庵阁、叶晓萍、潘晓波、梁靖雯、吴景红姑爷、邓国会、邓国印、王燕、吴桐、王思雅、李霜、徐靖林、钟小凤、王焕、陈莹莹、周晓燕、杨柳、胡露等，你们为我提供宝贵的建议，8 年走来，因为你们的陪伴、温暖和支持，我才能不断鼓起勇气去尝试，遇到挫折和困难时也没有想过要放弃。

最后，也要特别感谢一个人，唐丹丹，无论是作为工作伙伴还是朋友，都给予了我最大的支持。